홉스

HOBBES: A Very Short Introduction, First Edition

첫 단 추 시 리 즈

041

홉스

리처드 턱 지음

조무원 옮김

교유서가

말은 우리가 서로의 의견과 의도에 대해 가지는 일종의 표지다. 하지만 말은 그 맥락과 수반되는 상황의 다양성에 의해 애매모호해질 때가 많다(말하는 사람이 눈앞에 있거나, 그의 행위가 눈에 보여 그의 의도가 추측된다면 이러한 문제로부터 우리는 벗어날 수 있을 것이다). 오래전에 죽은 사람들이 그들의 책말고는 다른 표지를 남겨두지 않았다면 그 의견과 의미를 알아내기는 극도로 어렵다. 앞서 언급한 상황들을 알아내기에 충분한 기록이 없거나, 그것들을 알아보기 위한 뛰어난 분별력 또한 없다면 그들의 의견과 의미는 도저히 이해될 수 없을 것이다.

(홉스, 『법의 기초』 1부 13장 8절)

차례

머리말 --- 008

1. 홉스의 생애 ------------------------------------ 013

2. 홉스의 저작 ------------------------------------ 089

3. 홉스에 대한 해석들 ----------------------- 181

4. 결론 -- 221

· 인용 출처 229
· 독서안내 232
· 역자 후기 241

머리말

영어로 된 철학은 홉스로부터 시작됐다. 그의 저작 이전에는 형이상학, 물리학, 윤리학 같은 보다 전문적인 영역에서 영어로 쓰인 철학 저술이 거의 없었다. 오직 리처드 후커만이 이 분야의 선도자라고 할 수 있는데, 법철학이라는 하나의 한정된 분야에서만 그러했다. 하지만 홉스 이후로 영어로 쓰기에 적절하지 않은 인간의 탐구 영역은 없어졌다. 이것은 뚜렷한 업적이었는데, 우리는 이를 당연시하는 경향이 있다. 홉스가 이러한 성취를 할 수 있었던 이유는 무엇보다도 그가 철학에서 전통적으로 사용하던 언어인 라틴어와 새로운 언어인 프랑스어로 진행된 당대의 논쟁을 철저히 파악했기 때문이었다. 홉스는 라틴어와 영어로 꾸준히 글을 썼는데, 이런 까닭에 홉스의 지적 활동을 폭넓게 검토하지 않으면 우리는 그의 가장 훌륭한 성취(의심할 여지 없이 영어로 쓰인 최초의 위대한 철학 저술『리바이어던』에서 보여준)를 이해할 수 없다.

하지만 이러한 종류의 검토는 거의 이루어진 적이 없다. 홉스는 위대한 철학자 가운데 후세에 가장 도외시된 사상가임에 틀림없다. 3장에서 보겠지만, 여기에는 명백한 역사적 이유가 있는데 그가 여러모로 도외시되어왔다는 사실은 변함이 없다. 홉스는 근대 과학이 막 태동하던 바로 그때에 그것을 이해하려고 노력하는 데 적어도 삶의 절반에 해당하는 시간과 정력을 썼다. 과학에 대한 홉스의 이해는 동시대 누구 못지않게 예리했다. 하지만 이 분야에 대한 홉스의 생각들이『리바이어던』에서 충분히 다뤄지지 않았기 때문에 사람들은 그의 이론에 무관심했다. 그가 근대 과학에 대해 정리해둔 저작들은 오늘날 거의 읽히지 않고, 일부 라틴어 저작들은 번역조차 되지 않았다.『리바이어던』은 여러모로 분명 뛰어나지만, 실제 홉스는 이 책을 정치 및 도덕 문제에 대한 자신의 주된 저술로 의도하지 않았다. 우리가 오로지 그 한 저작에만 집중한―이해할 만한 일이다―결과 홉스가 무엇을 하려고 했는지에 대한 많은 설명들이 왜곡되었다.

따라서 홉스는 이러한 종류의 책에서 논의하기에 특별히 적합한 인물이라고 할 수 있다. 왜냐하면 그가 이루고자 했던

것을 되살리는 것은 순수한 역사적 탐구 영역을 훨씬 넘어서
는 지적 성과를 낼 수 있는 일이기 때문이다. 홉스는 또한 대
단히 논의하기 어려운 인물이기도 하다. 왜냐하면 오늘날 대
부분의 홉스 독자들은 만족스럽지 못한 해석적 전통들에 의
해 부지불식간에 형성된 기대를 가지고 그를 대하기 시작하
기 때문이다. 홉스에 대한 이런 해석들은 지난 두 세기 동안
발전되어왔다. 이러한 이유로 나는 홉스에 대한 설명을 세 부
분으로 나누고 뒤이어 한 장의 결론을 추가할 것이다. 1장에
서 나는 놀랍고도 파란만장했던 홉스의 생애와 그의 생애의
여러 국면들이 이루어진 광범위한 지적 맥락을 서술할 것이
다. 이 장은 실제로 홉스의 철학에 대한 간략하고 개괄적인 모
습을 보여줄 것이다. 2장에서는 그의 철학적 저작들에서 발전
된 주장들을 과학, 윤리, 정치, 종교에 대한 동시대의 논쟁에
기여한 것으로 간주하면서 이 주장들에 좀더 집중할 것이다.
3장에서는 홉스 사후 이러한 주장들에 대해 제기된 해석들을
자세하게 다루고, 이를 2장에서 내가 제시한 설명과 비교해보
려 한다. 내가 보기에 현대의 홉스 해설가들은 홉스를 그의 실
제 모습보다 더 난해하고 덜 흥미로운 인물로 만들어버렸다.
따라서 홉스를 그 자신의 시대에 보다 확고하게 자리잡게 하
면 우리 세기의 논쟁에서 그가 차지하는 중요성을 감소시키
기보다는 부각시킬 것이라고 믿는다.

많은 사람들이 이 책을 만드는 데 도움을 주었는데, 특히 지난 15년간 홉스에 대해 나와 함께 토론해준 학부생들과 홉스에 대해 비할 데 없는 지식을 가진 나의 예전 동료 노엘 맬컴의 도움이 컸다. 또한 이 책의 원고를 읽고 논평을 해준 퀜틴 스키너, 제임스 털리, 앤 맬컴, J. P. 턱, 키스 토머스에게도 나는 특별한 빚을 졌다. 그들 덕분에 나는 이 작업의 중요한 면들을 다시금 생각하고 많은 오류와 부적절한 표현을 개선했기에 더 많은 독자들이 이 책을 접할 수 있게 되었다.

제 1 장

홉스의 생애

인문주의자로서의 삶

우리는 종종 성 토마스 아퀴나스, 마키아벨리, 루터, 홉스, 칸트, 헤겔과 같은 철학과 윤리의 다양한 역사 속 영웅들이 어떤 의미에서는 공동의 과업에 종사했고, 서로가 서로를 동료로 인식했으리라고 생각하고 싶어진다. 하지만 잠깐만 생각해보면 그들의 작업을 하나의 통일된 일로 만드는 것은 우리 스스로라는 사실을 알 수 있다. 그들 스스로가 보기에 그들은 상당히 다른 삶의 방식에 속해 있었고 서로 다른 과제를 수행했다. 그들은 이와 같은 영웅들의 명단에서 눈에 띄지 않는 인물, 특히 표면적으로는 철학에 대해 지대한 관심을 갖지 않았던 성직자들과 학자들을 자신의 지적인 혈육으로 여길지도 모른다. 16세기 후반과 17세기 유럽의 주요 철학자들이 특히 그랬다. 그들 중 많은 이들이 '인문주의자'로서 훈련을 받았는데, 그들의 지적인 기원은 고전에 대한 연구와 더불어 초기 르네상스 인문주의자들에 특징적이었던 우아하고 창의적인 언어의 사용에 있었지, 그들의 중세 선배들의 경우처럼 고된 철학적 사색에 있지 않았다. 물질적인 조건이나 이론적인 관심에서 17세기 유럽 지식인들의 삶은 설령 16세기 초의 인문주의자에게도 바로 인식 가능한 것이었겠지만, 중세 말기의 스콜라주의 철학자들에게는 상당히 이상하게 보였을 것이다.

홉스만큼이나 이러한 사실에 부합하는 인물도 없다. 그는 17세기의 많은 저자들처럼 비교적 가난한 집안에서 태어났다. 이 세기가 배출한 일단의 철학자들과 과학자들 가운데 오직 데카르트와 로버트 보일만 분명한 상류층 출신이었다. 홉스의 부친은 맘스베리(월트서)의 가난한 하급 성직자였는데, 엘리자베스 1세 치세 이전 시대의 유물과도 같은 사람이었으며 (거의 확실히) 학위도 없었다. 또한 그는 홉스가 열여섯 살이 되던 해에 가족들을 버렸던, (홉스의 훌륭한 전기 작가이자 친구인 오브리에 따르면) "런던 부근에서 사람들에게 잊힌 채 세상을 떠난" 알코올 중독자였다. 홉스는 1588년 4월 5일에 태어났는데, 그의 어머니가 스페인 함대가 오고 있다는 소문을 듣고 그를 낳았기 때문에 "공포와 나는 쌍둥이로 태어났다"라는 농담을 되뇌길 좋아했던 것 같다.

홉스는 일찍부터 매우 영리한 아이로 소문이 자자했다. 특히 16세기 중등학교에서 르네상스 교과를 숙달하는 데 발군이었다. 이 교과는 라틴어와, 비록 덜 사용하긴 했지만 그리스어의 유창하고 세련된 이해에 초점을 두고 있었다. 홉스는 영어뿐만 아니라 라틴어, 그리스어, 프랑스어, 이탈리아어를 말하고 읽을 수 있을 정도로 언어에 능통했다. 재학중에 그는 에우리피데스의 『메데이아』를 그리스어에서 약강오보격 라틴어로 번역했는데, 번역에 대한 관심과 번역 능력은 그의 나머지 생애 동안 계속되었다. 그의 첫번째 출판은 실제로 투키디데스의 저작을 영어로 번역한 것(1629)이었으며, 그의 마지막 출판 중 하나는 『오디세이아』의 영어 운문 번역이었다. 이것은 르네상스 중등학교가 학생들에게 전수하고자 했던 또다른 기술인 시 창작 능력을 반영하는 것이었고, 홉스는 시 쓰기에도 놀랍도록 능숙했다. 알려진 그의 첫 작품 중에 남아 있는 것은 「더비셔 고원지대의 경이로운 것들」이라는 라틴어 시이며, 평생 그는 라틴어와 영어로 운문을 썼다. 홉스는 일단 어떤 과제에 열중하기만 하면(그 역시 자신의 게으름을 자책하긴 했지만) 산문과 운문을 모두 빠르게 쓸 줄 아는 작가였다고 할 수 있다. 알다시피, 예를 들면 그는 『리바이어던』의 마지막 열 개의 장(약 9만 단어)을 1년도 안 되는 기간에 썼다.

16세기와 17세기 유럽에서 이러한 기술들은 후일 점차 사회적 엘리트의 비실용성을 상징하게 되는 그런 종류의 것들이 아니었다. 르네상스 이후로 이러한 기술들은 학교 교육에 깊이 뿌리내렸는데, 그 자체로서의 쓰임과 더불어 실제 매우 높은 시장성을 지니고 있었기 때문이었다. 즉, 이러한 기술들은 이를 숙달한 명석한 하위 계층 소년들에게 사회적 출세의 좋은 수단이 되었다. 유구한 전문 분야인 교회, 법조계, 의료계에서도 이러한 부류의 사람들을 모집했지만, 그들에 대한 보다 넓은 수요가 존재했다. 왜냐하면 공적 생활에 관여하는 사람들은 누구나(특히 그러한 공적 생활이 보다 넓은 유럽적 맥락에서의 지식이나 참여와 관련 있다면) 자신 주변에 서신과 연설문 작성에 능수능란하고 조언을 할 수 있으며, 같은 기술을 아이들에게 가르칠 수 있는 언어에 능통한 사람과 유창하고 설득력 있는 저술가를 필요로 했기 때문이었다. 이것은 르네상스 이후 인문주의라는 단어가 이해된 바에 부합하는 바로 그 '인문주의' 시장이었다. 그리고 이러한 사람들이 이탈리아 도시국가와 군주정에 널리 퍼져나가면서 최초로 르네상스 문화가 조성되었다. 하지만 같은 유형의 사람들이 북부 유럽, 특히 이 지역의 대귀족 가문에도 있었다. 놀랍게도 17세기 대표적인 저자들 가운데 많은 이들이 이러한 가문의 고용인이었다(존 로크와 존 셀든이 대표적인 경우다).

맘스베리의 학교부터 옥스퍼드 '홀(hall)'[특수한 전문 대학원

과정이라기보다 일반적인 교양에 전적으로 전념했던 칼리지의 일종—옮긴이)까지 거친 후, 홉스가 고용된 곳은 이들 귀족 집안 가운데 한 곳이었다. 나중에 로크가 그러했듯 홉스도 전문직, 특히 가장 많은 졸업생을 고용했던 교회에 들어가는 것에 대해 강하고 원칙적인 거부감을 느꼈다. 모든 종류의 전문직 종사자에 대해 보인 홉스의 적대감은 후일 선명하게 드러나지만, 초기 인문주의자들 역시 종종 이러한 태도를 보였다(이탈리아 초기 인문주의자들 대다수가 평신도였다는 사실은 우연이 아니다). 영국의 유력 귀족 가문은 색다른 종류의 삶을 제공했는데, 다만 일정한 사회적 희생이 뒤따르는 삶이었다. 말하자면 이러한 삶에서 가정을 꾸리기는 사실상 불가능했다. 17세기의 위대한 사상가들 가운데 얼마나 많은 이들이 독신으로 가까운 애착 관계가 없는 삶을 살았던지 놀라울 따름이다. 로크는 이 점에서도 명백한 사례다. 그와 같은 대귀족 집안들은 사상가를 가족적 연대뿐만 아니라 대다수의 사람들이 자신의 삶을 영위했던 제도로부터 분리했는데, 그럼으로써 자연스럽게 급진적이고 자신만만한 지식인 집단이 생겨났다. 또한 그들은 귀족과 고용인의 사회적 지위가 다르다는 사실을 지속적으로 강조했는데—홉스는 종종 자신을 고용주 집안의 하인으로 여겼다—동시에 고용인과 그 주인을 지적으로는 동일한 수준에 두면서도 그랬다. 이는 (우리가 보기에) 이상하게도 모호한 관계를 초래했다.

이제 막 졸업한 홉스가 옥스퍼드 홀의 학장으로부터 1608 년 2월에 추천받은 귀족은 윌리엄 캐번디시 경이었다. 그는 1618년 데번셔 백작 작위를 받았는데, 그 작위명과 달리 주로 더비셔의 하드윅 홀에서 살았다. 홉스는 이후 데번셔 백작 집 안이나, 그 이웃이자 사촌인 뉴캐슬 백작 집안에 (그리고 잠깐 은 그들의 또다른 이웃 집안에) 고용된 채 삶을 영위했다. 그는 비서, 가정교사, 금융 대리인, 자문 역할을 수행했는데, 우리는 이후 20년 동안 홉스의 삶을 생생히 보여주는 몇몇 장면을 알 고 있다. 다른 고용인과 마찬가지로 그는 고용주와 여타 귀족 들이 국가적인 의제(혹은 단순한 가십거리)를 토론할 때면 대기 실에 앉아서 많은 시간을 보냈다. 전기 작가 오브리는 홉스가 그 시간 동안 네덜란드 엘제비르 출판사에서 나온 포켓판 고 전을 읽었다고 기록했다. 대기실에서 그는 다른 귀족들의 비 서들을 만나곤 했는데, 아쉽게도 얼마 안 되는 이 시기 홉스의 서한 일부는 비서들이나 개인 교사들과 주고받은 것으로 고 용주들의 처신에 대한 사적인 농담들로 가득하다. 홉스의 고 용주는 금융 문제를 싫어했기 때문에 데번셔 집안이 상당한 주식을 보유하고 있던 버지니아 사(社)의 이사회에 홉스가 대 리인으로 참석하기도 했다. 캐번디시 경이 1610년에서 1615 년 사이 나중에 '그랜드 투어(Grand Tour)'로 불리게 된 여행에 그의 아들을 보냈을 때 홉스는 개인 교사로 동행했다. 비록 교사와 학생은 세 살 차이밖에 나지 않았지만 말이다—이 역시 세밀하게 구별되고도 모호한 이들의 관계를 보여준다.

이 유럽 일주 여행은 홉스의 프랑스인 친구가 나중에 그를 '영주의 안내인(conducteur d'un Seigneur)'이라고 불렀듯이 홉스의 주된 활동 중 하나였다. 1610년에서 1615년 사이의 여행 이후로도 1630년에는 다른 집안 자제를 데리고 유럽 여행을 떠났으며, 1634년에서 1636년까지는 1610년 여행에 동행한 학생의 아들을 데리고 비슷한 경로로 여행했다. 이런 여행 덕분에 홉스는 유럽 전역에서 정치인들과 지식인들을 만날 기회를 가질 수 있었는데 이는 다른 어떤 사상가도 누리지 못한 것이었다. 1636년까지 홉스는 (아마도 1636년 봄에 피렌체에서 만났을) 갈릴레이를 시작으로 프랑스인 피에르 가상디와 마랭 메르센까지 동시대를 선도하는 대부분의 철학자들을 만났다. 특히 메르센은 (그 시기 사실상 네덜란드로 도피해 있던) 르네 데카르트와 교류할 수 있는 유일하고 확실한 경로였다. 메르센은 홉스와 데카르트를 서로에게 소개해주었는데, 둘은 1648년까지는 실제로 만나지 못했다.

하지만 1630년대까지 홉스는 이러한 인물들에게 특별히 관심이 없었다. 초기 유럽 여행에서 그에게 가장 큰 영향을 끼친 것은 베네치아 방문이었다. 그곳에서 홉스는 베네치아공

화국의 주요 문인 겸 정치인들을 알게 되었는데, 그들은 1606
년 '파문 위기(Interdict Crisis)'에서 교황청과 합스부르크가로
부터 공화국의 독립을 옹호하던 인사들이었다. 홉스와 캐번
디시는 영국으로 돌아와서도 이들 베네치아인과 지속적으로
교류했으며(홉스는 자신의 특색을 발휘하여 이들의 서한을 이탈리
아어에서 영어로 번역해 그의 고용주가 읽을 수 있게 해주었다), 얼
마 동안 베네치아인들의 관심사는 캐번디시 가문의 관심사가
되기도 했다. 이 기간에 등장했던 많은 주제들은 홉스의 만년
저작에서 종종 형태가 변형되긴 하지만 중요한 부분을 이루
게 된다.

베네치아는 이탈리아 공화주의의 전성기로부터 살아남은
유일한 생존자였다. 베네치아를 지배했던 사람들은 피렌체와
같은 공화국들이 무엇 때문에 스페인의 지배 아래 사실상 대
공국으로 전락하게 되었는가 하는 질문에 사로잡혀 있었다.
스페인은 16세기 초 이탈리아 전쟁에서 승리한 이후 이탈리
아 반도에 공식적인 또는 비공식적인 제국주의 통제 시스템
을 도입하고, 금전적인 뇌물과 군사적 위협, 터키 제국으로부
터의 위협에 대한 선전 선동을 조합해서 도시국가들을 길들
였다. 베네치아의 관점에서나 다른 유럽의 관점에서 보건대,
이러한 과정은 (네덜란드에 대한 스페인의 비슷한 통제 시도와 더
불어) 근대 정치의 정수를 보여주는 것이었으며 정치에 관한

1. 마이클 라이트가 그린 홉스의 초상화. National Portrait Gallery, London

저작들은 이 과정을 분석하면서 발전했다. 젊은 시절 홉스에게 가장 익숙했던 것은 바로 이러한 종류의 정치적 문헌들이었다. 이들 문헌은 특히 인문주의자에게 매력적이었는데, 지속적으로 고전적인 주제를 사용하고 고대 저자들을 인용했기 때문이다. 그리고 실제로 이러한 장르의 공헌자 가운데 일부는 그들 시대의 가장 뛰어난 고전학자들이었다.

이들 문헌의 핵심적인 특징은 이전 세대들의 도덕적 원칙들이 지닌 유효성에 대한 회의론이 지배적이었다는 데 있었다. 15세기 후반이나 16세기 초에 살았던 과거 세대 저자들에게 명예로운 인간으로서 실효적인 공적 삶을 영위하는 일은 여전히 가능했다. 메디치가의 통치 이전 피렌체공화국의 시민이든, 혹은 밀라노 공작, 프랑스 왕, 황제 카를 5세의 조언자이든 상관없이 그들은 자신들과 같은 관점을 공유했던 고대의 저자, 특히 키케로와 세네카의 저작들 속에서 모범을 발견했다. 키케로적인 공화국이 근대 유럽에서 재건될 수 있다는 생각은 16세기 초 많은 사람들의 상상력을 특별하게 사로잡았다. 또한 이런 생각으로 인해 (이탈리아의 벰보 추기경과 같은) 일부 사람들은 키케로 사후에 덧붙여진 모든 언어들조차 제거해버렸다(이로 인해 벰보가 그랬던 것처럼 베네치아 역사를 쓰기는 더욱 어려워졌는데, 터키인은 '트라키아인'이 되어야만 했고, 도시의 수녀원들은 '베스타 여신을 모시는 처녀들의 사원'으로 바뀌어야만 했다).

비록 이와 같은 키케로적인 이상은 르네상스 시기 이탈리아의 예술과 문학에서 선명하게 표출되었지만 세기말에 이르자 단지 환상에 지나지 않아 보였다. 근대 정치의 현실은 조작, 기만, 협박이었으며, 이것을 포착한 고전 작가는 키케로가 아니라 타키투스였다. 이러한 새로운 사고방식을 보인 대표적인 사상가는 네덜란드의 유스투스 립시우스였는데, 그는 1574년 타키투스에 대해 다음과 같이 말했다.

이 작가는 군주들의 내밀한 생활을 통해 그들의 궁정을 다룬다. (…) 또한 이 작가는 오늘날 우리 시대와 많은 부분 유사한 점들을 발견하게 되는 우리에게, 같은 결과는 같은 원인으로부터 비롯된다는 사실을 가르쳐준다. 당신은 폭군 아래에서 우리 시대에 잘 알려진 아첨과 배반을 발견할 것이다. 그곳에는 동료들 사이에 신실하지도, 솔직하지도 않고, 심지어 선의도 없는 모습만 있으며, 지속적인 반란 모의 (…) 그리고 선량한 이들에 대한 대량 살육, 전쟁보다도 더 잔인한 평화만 있을 뿐이다.

마키아벨리는 비록 많은 면에서 참된 키케로적인 인물이었지만, 16세기의 마지막 무렵에 새로운 독자들로부터 타키투스적인 인물로 새롭게 읽혔다. 그와 동향이었던 구이차르디니는 훨씬 더 추앙받았다―주된 이유는 그가 마키아벨리보다 정치적 관여에 더 무관심했기 때문이었다. 구이차르디니가 처음 사용했던 '국가 이성(ragion di stato)'이라는 말은 한동안 이 새로운 운동의 표어가 되었고 1590년대부터 여러 저서와 팸플릿 등의 제목을 줄곧 장식했다.

하지만 명예와 도덕이 세계에서 사라졌다는 감각은 단지 정치적인 데에서 그치지 않고 광범위한 결과를 가져왔다. 근대성의 실천적 조건들은 전통적인 의미에서의 윤리적 공헌을 부적절하게 만들었을 뿐만 아니라, 윤리적 공헌 그 자체의 타당성을 의심하게 만들었다. 가령 종교개혁 이후로 유럽 전역에서 벌어지던 종교전쟁들은 교착 상태가 되어 어느 쪽도 명백한 승리를 거두지 못했다. 그 결과 거의 모든 유럽 국가들은 이제 그들의 국경 안에서 상당한 정도의 근본적인 이념 갈등을 안고 살아야 할 처지에 놓였다. 정치 문제에 관여하지 않았던 동시대 관전자가 종교적 광신도들 사이에서 일어난 전쟁으로부터 받은 충격을 과장하기엔 쉽지 않을 것이다. 그중 한 사람인 립시우스는 다음과 같이 말했다.

하느님 맙소사, 어떤 폭동의 무리들이 세계에서 가장 평화로운 이 지역에서 종교에 불을 붙였는가? 우리 기독교 왕국들의 주된 수장들은 서로 전쟁을 벌이는 중이며, 경건이라는 구실 아래 수백만의 사람들이 파멸로 이끌리고 매일 비명횡사하고 있다.

이에 대한 반응으로 립시우스 세대(립시우스는 1547년생이다)의 많은 이들은 모든 종류의 확고하고 또한 공공연하게 옹호되었던 신념들을 포기하고 냉정하고 회의적인 입장으로 후퇴했다. 그들은 여기에서도 고대의 선례를 찾아냈다. 자유로웠던 고대 그리스 도시국가들은 먼저 알렉산드로스 대왕과 그의 후계자들에 의해서 그리고 나중에는 로마에 의해서 몰락했는데, 이 몰락은 일련의 매우 유사한 태도를 야기했다. 피론이나 카르네아데스 같은 고대 회의론자들은 도덕적이거나 물리적인 세계에 대해 어떤 것도 확고하게 알 수 없다고 주장했다. 도덕적 세계에 대한 지식은 서로 다른 문화와 시대 간의 화해할 수 없는 불일치 때문에 훼손되었고, 물리적 세계에 대한 지식은 다양하고 부정확한 인간의 관측 능력(예컨대 착시)으로 인해 지장이 생겼다. 그 대신 회의론자들은 그들이 아타락시아(ataraxia)라고 부른 것의 함양을 촉구했는데, 이는 신념을 완전히 보류하고 대상에 대한 감정적 관여 역시 완전히 중지하는 것을 의미했다. 어느 정도 이런 유형의 회의주의는 또다른 고대 철학인 스토아주의와 제휴했다. 비록 스토아주의자들은 지식의 가능성을 부정하지는 않았지만, 지혜를 얻기 위해서 감정과 헌신을 제거하고 **아파테이아**(apatheia)〔모든 정념에서 해방된 상태—옮긴이〕라는 상태로 진입해야 한다고 강조했기 때문이다.

16세기 후반에 회의주의와 스토아주의의 글들은 널리 읽혔다. 립시우스는 본인 스스로 타키투스에 대해서뿐만 아니라 스토아주의에 대해서도 전문가로 자임했다. 그와 가장 가까웠던 (립시우스가 한때 "유럽에서 사유 방식이 이처럼 나와 가까운 사람을 본 적이 없다"고 말했던) 지적 동반자인 프랑스의 미셸 드 몽테뉴는 타키투스적인 것과 회의주의, 그리고 스토아주의를 매혹적이고 설득력 있게 결합하여 1580년부터 1588년까지 쓴 『수상록』으로 큰 명성을 얻었다. 몽테뉴는 한 유명한 글에서 자신의 기본적인 태도를 다음과 같이 요약했다.

어제는 신뢰와 존경으로 바라봤던 좋은 것들이 내일은 그 명성을 잃어버리거나, 범죄가 아니었던 것이 강을 건너면 범죄가 되어버린다면 그것이 무슨 선인가? 이 산들에 둘러싸인 곳에서는 진리이면서 그 너머의 세계에서는 거짓이라면 그것이 무슨 진리인가?

이러한 회의주의적 맹공에도 불구하고, 인간 행위의 보편적인 원칙 가운데 하나는 여전히 온전한 형태로 남아 있었다.

그것은 바로 인간은 **자기보존**(self-preservation)을 위해 행동하고 또 그렇게 해야 한다는 것이었다. 몽테뉴와 립시우스는 둘다 공공심과 애국심을 비난했는데, 이러한 감정들을 지닌 인간은 심각한 위협에 노출된다는 이유에서였다. 현명한 사람은 자기 자신의 생존을 가장 중요한 의무로 삼아야 하며, 자기보존을 위태롭게 하는 행동은 하지 말고 그러한 감정도 함양하지 말아야 한다. 더욱이 현명한 사람은 자신의 생존과 타인의 생존 사이에서 선택해야 한다면 자신의 생존을 선택해야만 한다. 여기서 몽테뉴와 립시우스는 다시금 고대의 선례를 되풀이하고 있었는데, 기원전 2세기의 회의론자 카르네아데스는 배가 난파될 경우 현명한 자는 해안가로 갈 수 있는 널빤지만 붙잡으면 된다고, 심지어 다른 사람을 그 널빤지에서 밀어버리더라도 그래야 한다고 단호하게 역설했다.

이처럼 고대와 근대가 지닌 유사성은 이들 논의들이 논적으로 삼았던 대상의 특징에서 보다 명확히 드러난다. 고대에는, 대부분 완벽하고 체계적인 지식 또는 '과학'이라고 할 수있는 것은 아리스토텔레스의 저작이 대표했다. 회의론자들과 스토아주의자들이 반복적으로 적대시한 것이 바로 아리스토텔레스와 그 추종자들이었다. 예를 들자면 아리스토텔레스는 다른 모든 것이 동일하다면 외부세계에 대한 인간의 인식은 **옳**다고 주장했다. 다르게 말해, 만약 평범하고 건강한 관찰

2. 출간된 『리바이어던』 속표지. The British Library

자에게 무엇인가가 흰색으로 **보인다면** 그것은 흰색이다. 착시 현상에 대한 회의주의적 강조와 감각 인식의 신뢰할 수 없는 일반적 특징으로 인해 아리스토텔레스의 모든 과학은 명백히 약화되었다. 또한 아리스토텔레스는 그의 시대 아테네 중간 계층의 (대략) 관습적인 도덕적 신념들이 지닌 보편적 성격을 깊이 신뢰했는데, 이 점에 대해서는 세계에 존재하는 윤리적 신념과 행위가 놀라울 정도로 다양하다는 사실을 언급하는 것만으로도 의구심이 쉽게 들 수 있었다.

16세기 후반의 저자들에게도 아리스토텔레스는 주된 표적 가운데 한 사람이었다. 왜냐하면 프로테스탄트와 가톨릭 모두 그들의 확실성을 아리스토텔레스의 확실성과 연계하려고 노력해왔으며, 아리스토텔레스의 전체 업적 덕분에 사람들은 확실하고 타당한 지식 체계가 가능하다는 확신을 가질 수 있었기 때문이었다. 비록 르네상스 시기 이탈리아의 키케로주의자들은 중세의 아리스토텔레스 추종자들을 비판했지만, 아리스토텔레스 자체에 대해서는 대개 비판하지 않았으며 16세기 초반에는 아리스토텔레스를 연구하는 후기 르네상스의 새로운 학파가 태동하기도 했다. 하지만 립시우스와 몽테뉴 및 그들의 추종자들은 아리스토텔레스를 과격하게 공격했다. 가령 그들의 추종자였던 피에르 샤롱은 1601년에 다음과 같이 말하기도 했다. "아리스토텔레스는 〔그 어떤 철학자보다도〕 현저하게 부조리한 것들을 말했는데, 그 자신과도 합의에 이르지 못했으며, 심지어 자신이 그렇다는 것을 알지 못할 때도 많았다."

17세기 초반 많은 사람들이 보기에 근대 정치에 대한 이러한 사고방식이야말로 자신들의 실제 현실을 가장 잘 이해할 수 있게끔 해주는 것이었다. 베네치아에서는 이러한 모든 주제들이 논의되었다. 파문 위기 동안 공화국의 지도자였던 파올로 사르피는 몽테뉴에 대한 예리한 독자이자 그 자신이 분명한 회의론자였으며, 또다른 베네치아 선동가(트라야노 보칼리니)는 립시우스와 타키투스에게 대대적으로 찬사를 보냈다. 특히 이들 베네치아 사람이 근대 저자들에게 감탄할 만했던 것은 근대 저자들이 **종교적** 믿음으로부터 해방되어 있었다는 점이었다. 당시 베네치아는 종교적 문제에 관해 교황청으로부터 독립을 유지하기 위해 애쓰고 있었고, 베네치아 정부는 도시의 종교적 열정을 통제하기 위해 노력했다. 사르피는 마리아의 종 수도회의 탁발 수도자였음에도 불구하고, 무신론자들의 공동체는 하나의 시민사회로서 완벽하게 기능할 수 있다고 주장하기까지 했다. 그와 그의 동료들은 프랜시스 베이컨의 (몽테뉴를 모방하고 립시우스에게 영향을 받은)『수상록』에서 베이컨이 그들과 같은 생각을 했다는 사실을 발견하고 감명을 받았다. "무신론은 인간으로 하여금 감각과 철학, 자연스러운 경건, 명성에 이르게 한다. 이 모든 것들은 외향적인 덕성으로 인도해주는데 종교는 그러지 못한다. 우리는 무신론에 경도되고 있는 시대가 (아우구스투스 황제 때와 같이) 개화된 시대라는 것을 안다."(『수상록』17장「미신에 관하여」)

이런 이유로 그들은 베이컨의 『수상록』이 더 많은 유럽 독자들에게 읽힐 수 있도록 라틴어로 번역되기를 촉구했으며, 베이컨과 연락을 유지하기 위해 캐번디시 및 홉스와 교류를 지속할 수 있기를 바랐다. 1623년의 한 서신을 통해서는 캐번디시에게 베이컨의 대필 조수가 될 수 있는 사람을 구해줄 것과 베이컨의 새로운 사상들에 대한 소식을 베네치아에 전해주기를 요청했다. 따라서 오브리가 기록한 대로 홉스가 베이컨의 『수상록』을 라틴어로 번역하기도 했으며, 고럼버리에 있는 베이컨의 정원에서 그와 함께 산책하며 베이컨이 구술한 대로 그의 생각을 받아 적었다는 사실을 발견하는 것도 놀라운 일은 아니다. 또한 캐번디시 가문은 다양한 주제에 관해 베이컨이 쓴 것 같은 글을 집필하는 데 관심이 있었는데, 이 글들을 묶은 한 권의 책이 남아 있다. 한때 사람들은 이것을 홉스가 쓴 것으로 생각했는데, 사실 그의 학생이 쓴 것으로 추정된다.

또한 베네치아인들은 그리스의 역사가인 투키디데스 연구에도 열심이었다. 그들은 한편으로 타키투스를 찬미하면서도,

타키투스가 다루었던 것이 군주정의 문제들이었지 공화정의 일들이 아니었다는 사실을 알고 있었다. 따라서 그들은 아테네와 스파르타 간의 전쟁에 대한 투키디데스의 기록에서 근대 공화정에 적절한 글들을 발견했다—이 글들은 키케로식의 고귀한 어조와는 거리가 멀었고, 인간사에 대해 의심하면서 상대주의적 관점을 드러냈다. 사르피의 친구 한 명은 유럽 전역의 학자들에게 투키디데스를 공부하라고 설득하기도 했다. 또한 1629년 홉스는 젊은 3대 데번셔 백작에게 헌정한 투키디데스 영어 번역을 처음으로 출간했는데, 이 책에서 홉스는 (자신이 베네치아 여행을 안내했던 그의 학생이자) 한 해 전 이른 죽음을 맞이한 백작의 아버지를 추모했으며 그 서문에서는 립시우스를 칭송했다.

홉스가 이와 같이 스스로 편입됐던 근대 인문주의 문화는 그의 나머지 생애에도 중요하게 남아 있었다. 뒤에서 볼 텐데, 비록 홉스는 인문주의의 특정한 요소들 가운데 많은 부분, 특히 고전적 공화주의에 대한 관대한 태도로부터 거리를 두긴 했지만 말이다. 실로 어떤 의미에서는, 적어도 정치 이론에 관한 한, 그의 평생에 걸친 연구는 근대 인문주의 문화를 그 안에서부터 변형시킨 것으로 해석될 수 있다. 즉, 립시우스와 몽테뉴에게 불가피하고 자연스러웠던 인간 행위의 원칙인 자기 보존은, 홉스에게는 새로운 종류의 윤리를 구성할 수 있는 근본적인 **권리**가 되었다. 하지만 그는 전혀 다른 종류의 지적 문화를 완전히 이해하고 난 뒤에야 이러한 기획에 착수했다. 이 문화에서 형이상학과 물리학에 대한 연구는 홉스가 젊은 시절 몸담았던 인문주의자들의 사회에서보다 훨씬 더 두드러진 역할을 했다.

철학자로서의 삶

2대 데번셔 백작은 투키디데스 번역본이 출판되기 직전에 세상을 떠났고, 홉스는 실질적으로 무직 상태가 되었다. 부친이 사망했을 때 3대 백작은 겨우 열한 살이었고 홉스는 아버지 없이 아이들만 남겨진 집안의 일원이 아니었다. 몇 년 동안 그는 다른 이웃에서 가정교사로 지냈으며, 나중에 데번셔 집안으로 돌아와 백작 미망인의 조언자와 백작의 가정교사로 활동했다. 동시에 그는 캐번디시 가문의 또다른 일족과 보다 밀접한 관계를 맺었는데, 그 일족은 하드윅에서 13킬로미터쯤 떨어진 웰백에 터를 잡고 뉴캐슬 백작이 이끌고 있었다. 홉스는 이제 이 집안의 대리인과 조언자로도 활동하기 시작했으며, 그들의 관심사로 인해 홉스는 순전한 인문주의적인 기술로부터 벗어나 새로운 방향으로 나아갔다.

뉴캐슬 백작과 그의 동생 찰스 캐번디시 경은 군사적 문제

3. 『시민론』의 속표지는 이 책의 내용을 구성하는 세 개의 부분을 형상화하고 있다. Libertas(자유)는 활과 창을 들고 있는 야만인, Imperium(통치)은 검과 정의의 거울을 들고 있는 왕관을 쓴 여성으로, Religio(종교)는 그림의 위쪽에 보이는 것처럼 그리스도의 마지막 심판으로 묘사되고 있다. Bodleian Library, University of Oxford

4. 17세기 내전의 참상: 칼로의 판화 〈30년전쟁〉. © Bettmann/Corbis

에 관심이 많았는데, 실제로 백작은 1642년 내전이 발발했을 때 왕당파의 주요 장군 중 한 사람이 되기도 했다. 17세기 초 유럽에서는 사실상 군대가 중심이 된 생활 방식이 존재했다. 스페인에 대항해 네덜란드에서 일어난 전쟁은 16세기 후반 네덜란드공화국의 독립으로 이어졌고 점차 유럽 전역으로 번졌다. 또한 이 전쟁은 1618년 보헤미아 반란과 같이 합스부르크가에 대항한 다른 전쟁들과 혁명들에 휘말렸는데, 이후에 30년전쟁(1618~1648)으로 불리게 된 전쟁에 유럽 전역이 휩쓸려 들어가기 전까지 지속되었다. 영국은 이 분쟁에 조금밖에 관여하지 않은 것으로 보통 알려져 있지만, 실제로 상당한 규모의 영국군이 1584년부터 1642년까지 거의 지속적으로 네덜란드에 상주했다.

17세기 초 유럽의 군대 문화는 앞 절에서 검토한 근대 인문주의에 많은 빚을 지고 있었다. 립시우스는 로마식과 근대식 군대 모두에서 선도적인 이론가였는데, 전장의 지휘관들도 군대의 조직과 훈련에 대한 그의 저서들을 탐독했다. 타키투스 철학에 대한 동시대의 한 비평가는 타키투스의 산문 스타일이 마치 군인의 딱 부러진 명령처럼 들린다고 하면서, 이것은 과장되고 평온한 키케로의 산문과 다르다고 지적하기까지 했다. 하지만 (비록 립시우스가 로마의 군사 장비에 대한 책을 쓰기도 했지만) 당시의 군대 문화는 과학과 기술에 대한 관심에 있어서 인문주의의 영역을 벗어났다. 이 시기의 대규모 신식 군대는 대포와 같은 최신 무기로 싸웠으며, 새로운 기술의 작동 원리를 제대로 이해하는 일은 실전에서 필수적이었다.

뉴캐슬 백작과 그의 동생은 군사기술에 대해서 엄청난 관심을 가지고 있었다. 백작은 특별히 (여전히 전장에서 중심적 역할을 했던) 말(馬)에 관심이 있었지만, 광학에 대한 근대적인 연구, 특히 이 연구를 효율적인 망원경의 발전에 적용하는 데에도 흥미를 가지고 있었다―처음으로 성공하는 나라에 이것은 엄청나게 중요한 군사적 성취였다. 최초의 원시적인 형태의 망원경은 늦어도 1608년 네덜란드의 리페르헤이가 만들었다. 찰스 경은 그 자신도 유능한 수학자였으며 광학과 탄도학 모두에 관심을 가지고 있었다(수학적 역학에 대한 근대적 발전과 군대 화력의 발전은 병행해서 이루어졌다). 하지만 두 형제는 새로운 기술들이 쏟아낸 근본적인 이론적 문제들에 대해서도 분명히 관심을 가지고 있었으며, 영국과 대륙유럽의 철학자들 및 과학자들과 교류하고 그들을 재정적으로 후원했다.

뉴캐슬 백작의 간헐적인 고용인이었던 홉스는 1630년대에 자신의 고용주가 관심을 가졌던 이 분야에 몰두하게 되었다. 이에 따라 홉스는 뉴캐슬 백작을 대신해서 말을 살펴보고 구매하러 가기도 했다. 이때 홉스가 남긴 특이한 글은 백작을

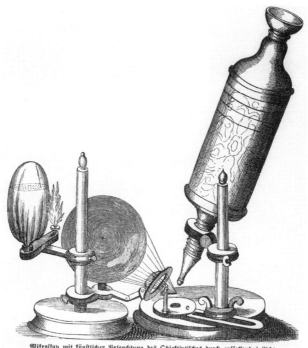

Mikroskop mit künstlicher Beleuchtung des Objektivtisches durch auffallendes Licht
aus dem Anfang des 17. Jahrhunderts

5. 로버트 훅이 17세기에 사용한 현미경. ©Bettmann/Corbis

위해서 말의 보폭을 이론적으로 분석한 연구였는데 출판되지는 않았다. 1634년 1월 홉스가 '마님'(데번셔 백작의 미망인)을 모시고 런던을 방문했을 때 뉴캐슬 백작은 그에게 근대 물리학의 기초적 저작인 갈릴레이의 『두 우주 체계에 대한 대화』(1632)〔한국어판은 『대화: 천동설과 지동설, 두 체계에 관하여』, 사이언스북스, 2016〕를 구입해달라고 부탁했다. 이것은 홉스가 이들 문제에 관여하기 시작한 첫 사건이다. 1634년 내내 홉스는 웰백의 캐번디시 가계와 관련된 사람들과 광학 및 물리학의 문제를 토론했다. 또한 같은 해 아직 어렸던 3대 데번셔 백작과 함께 그랜드 투어에 올랐을 때, 홉스는 프랑스의 여러 수학자들과 철학자들에게 보일 캐번디시 가문의 소개장을 챙겼다. 홉스는 심지어 자신의 어린 학생이 지닌 지위 덕분에 피렌체 근처 아르체트리에서 갈릴레이를 직접 만날 수 있는 소개장도 가지고 있었다. 1636년 10월까지 이어진 이 여행은 1610년의 바티칸 방문을 무색하게 할 정도로 홉스의 일생 동안 가장 중요한 시기 가운데 하나가 되었던 것으로 보인다.

홉스가 프랑스 철학계에서 어떤 일이 벌어지고 있는지 알게 된 것도 바로 이때였다. 당시 프랑스 철학의 중심은 파리 미님 수도회(Minim Friars)가 운영하는 수도원의 한 회의실이었다. 이곳은 마랭 메르센 신부가 맡고 있었는데, 홉스는 나중에 그를 일러 "과학이라는 세계의 모든 별들이 그 주변을 회전하는 극성(極星)"이라고 했다. 메르센은 유럽 각지의 석학들과 교류를 이어가면서 동시에 그 스스로가 새로운 철학에 대한 분명한 전망을 가지고 있었던 것 같다. 그가 높게 평가하고 조직하기도 했던 연구를 수행한 모든 철학자들은 다양한 종류의 과학이 가능하다고 믿었다는 점에서 이전 세대의 인문주의적 회의론자들과 달랐다. 우리가 앞부분에서 본 것처럼 16세기 후반의 회의주의는 그 어떤 것에 대해서도 참되고 체계적인 지식이 가능하지 않다고 의심했다. 이처럼 자연계와 도덕적 세계 모두 본질적으로 불가지의 영역이었다. 하지만 메르센 주변의 철학자들은 어떤 형태로든 전통적인 아리스토텔레스 철학으로 회귀하지 않으면서도 이러한 비관주의를 거부했다. 그들은 앞서 존재했던 새로운 과학의 사례를 가지고 있었는데, 그것은 명백히 아리스토텔레스 철학에 반대하면서도 회의주의를 넘어서는 갈릴레이의 물리학이었다. 그의 정신을 따르는 철학자들은 후기 르네상스 인문주의의 비판적인 통찰을 (언어와 정치적 행위 등에 관한 이론에서의 그 실질적인 내용과 더불어) 사실상 유지하려고 노력하면서도, 갈릴레이의 새로운 자연과학에 이를 결합하려고 했다. 앞으로 보게 될 것처럼 그들은 새로운 윤리 과학도 진전될 수 있다고 믿었지만, 당초에 이 문제는 그들에게 덜 중요했던 것으로 보인다.

메르센은 1625년에 『과학적 진리: 회의론자들 또는 피론주의자들에 대한 반박』이라는 책을 출간했는데, 거기서 그는 아리스토텔레스 철학으로 돌아가지 않으면서도 과학 분야의 가능성을 광범위하게 부정한 회의주의에 답하려고 노력했다. 하지만 그의 주장은 **임시변통**이었고 분명히 만족스럽지 못했다. 반면 그의 친구 가운데 한 사람은 메르센이 바라던 바를 완수할 수 있었는데, 그가 바로 메르센과 함께 학교를 다니기도 했던 그 유명한 르네 데카르트였다. 데카르트는 귀족 출신이었고 군인으로서의 소명을 따랐다. 그는 나중에 자신의 근본적인 철학적 아이디어가 30년전쟁의 한 작전 중 동계 야영지 숙소에서 떠올린 것이라고 증언했다. 1630년대 내내 그는 네덜란드에서 사실상 숨어 지내면서 철학적 작업을 했으며, 메르센을 통해서만 외부세계와 교류했다. 1629년과 1633년 사이에 데카르트는 첫 주요 저작인 『세계론』〔한국어판은 『방법서설/성찰/철학의 원리/세계론/정념론/정신지도를 위한 규칙』, 동서문화동판(동서문화사), 2016〕을 써서 그의 생각들을 제시했다. 그 저작에서 데카르트는 지구가 자전한다는 갈릴레이의 이론을 옹호했는데, 1613년의 종교재판소에서 갈릴레이가 유죄를 선고받았다는 소식을 접하고는 이 책의 출판을 포기했다. 하지만 이 책의 많은 부분들은 4년 뒤 『방법서설』〔한국어판은 『방법서설/정신지도규칙』, 문예출판사, 2019〕을 서문으로 한 에세이집으로 나왔는데, 이것은 철학적 저술 가운데 가장 유명한 책 중 하나다.

데카르트의 주장들을 (그리고 나중에 등장하는 홉스의 비슷한 주장들을) 이해하기 위해서는 자연과학에 대한 회의주의의 공격이 외부세계에 대한 정확한 관찰이 불가능하다는 점을 강조했다는 사실을 기억할 필요가 있다. 즉, 착시나 꿈 등에 익숙한 우리는 우리가 보는 것이 **실제로** 우리가 그것에 귀속시킬 수 있는 성질을 가지고 있다는 사실을 어떻게 알 수 있을까? 그리고 만약 우리가 그 사실을 알 수 없다면 우리는 어떻게 사물의 진상을 알 수 있을까? 이 질문들에 대한 17세기 철학자들의 답은 우리에게 정말 단순해 보일지 모르지만, 그렇게 보이는 이유는 그들이 오늘날의 과학 문화가 지닌 근본적 전제들을 공유하고 있었기 때문이다. 데카르트와 그의 시대 사람들은 아리스토텔레스 철학이 침윤된 문화 속에서 살았는데, 그 문화에서는 누군가가 완전한 회의론자가 아니라면 관찰자가 외부세계에 귀속시킨 바로 그 성질을 외부세계가 실제로 가지고 있다고 믿기 쉬웠다. 가령 어떤 대상이 빨간색으로 보이는 것은, 그것이 실제로 특정한 크기나 형태를 취하고 있다고 말하는 것과 같은 의미에서, 정말로 빨간 것이다.

데카르트는 이것을 부정하면서도 완전한 회의론자가 되지 않았다. 대신에 그는 우리가 경험한 것과 외부세계 사이에 유사성이 존재할 필요가 없다고 주장했다. 즉, 우리의 지속적인 인식을 구성하는 이미지들의 배열은 반드시 우리 밖의 세계를 그림처럼 재현하는 것은 아니다. 『세계론』에서 그는 이것을 언어에 비유했다. 단어는 대상을 지시하지만, 단어와 대상은 서로 **유사하지** 않다. 마찬가지로 시각적인 이미지나 다른 지각 정보들도 대상들을 묘사해내지 않고도 대상과 연결된다고 데카르트는 주장했다. 우리는 그 본연의 성질 그대로의 외부세계를 실제로 경험할 수 없다. 이와 대조적으로 우리는 우리 내면의 정신적인 삶과 우리 앞으로 스쳐 지나가는 이미지들에 대해서는 틀림없이 설득력 있는 지식을 가질 수 있다.

데카르트와 회의론자의 차이는 바로 이 마지막 논점에서 발생한다. 이것은 미묘하지만 결정적인 분기이다. 회의론자에게 어떤 사람은 사과가 녹색이라고 생각하고 누군가는 갈색이라고 생각한다는 사실은 우리가 진리에 대해 알 수 없다는 것을 의미한다. 그들은 사과가 어떤 확정적인 색을 가져야 한다고 여기지만, 인간의 지각은 그것이 무엇인지 결정할 수 없다고 생각했다. 이 정도로 회의론자들은 단지 인간의 오류 가능성이 개선될 수 없는 성질을 지녔다고 주장하는 일종의 아리스토텔레스주의자였다. 다르게 말해, 인간이 아닌 이상적 관찰자는 세계를 실제 그대로 볼 수 있고 그 세계는 여전히 색, 냄새, 맛 등의 세계일 수 있다. 이와 달리 데카르트는 실제 외부세계에 색과 같은 것들이 **조금이라도** 존재한다고 가정할 하등의 이유가 없다고 주장했으며, (가령) 색맹이 우리가 세계의 진상을 알 수 없다는 것을 뜻한다고 결론지을 이유가 없다고도 했다. 색은 단지 내면적인 현상이며, 비록 외부의 무언가에 의해 발생하지만 그것을 부정확하게든 확실하게든 재현하지는 않는다.

데카르트는 이러한 관념을 가장 먼저 생각해낸 사람은 아니었다. 이와 거의 유사한 내용이 메르센의 또다른 친구인 피에르 가상디가 1625년에 쓴 책에 등장하지만, 그 책은 1649년까지 출판되지 않았다. 한편 홉스도 데카르트, 가상디와는 별개로 1630년에 같은 내용을 생각해냈다고 지속적으로 주장했다. 비록 이들 세 사람 가운데 누구도 잘 인지하지 못했지만, 이 관념은 갈릴레이가 1623년에 발표한 (색이 아니라 온도에 대한 감각에 적용되었지만 원리는 동일했던) 저작인 『분석자』에 처음으로 등장했다. 데카르트는 『방법서설』에서 자신이 1619년에 처음 이 관념을 생각했다고 주장했는데, 아마도 갈릴레이보다 자신이 앞섰다는 사실을 명시하기 위해서였을 것이다. 불행하게도 홉스나 데카르트의 주장을 확증할 단서는 없다. 하지만 분명한 점은 오늘날 노벨상을 다투는 과학자들처럼 이들 철학자는 새로운 발견이 엄청나게 중요하다는 사실을 알고 있었으며 이에 대해 자신의 공적을 주장하기를 열망했다는 것이다.

어떤 의미에서 이 관념은 회의론자에게 하나의 대답이 될 수 있었지만, 다른 한편으로는 새로운 유형의 회의주의를 불러일으켜 색과 같은 성질의 존재 자체를 의심하게 만들었다. 이러한 사실을 알고 그 함의를 분석할 주된 책임은 분명 데카르트에게 있었다. 『세계론』과 『방법서설』을 집필하는 동안 데카르트는 자신의 아이디어가 지닌 회의주의적 측면을 좀더 고려하게 되었고, 『방법서설』에서 세상에 잘 알려진 새로운 형태의 의심을 제시하게 되었다. 색뿐만 아니라 그 색들이 귀속되어 있는 물질적인 대상 또한 존재하지 않는다면? 아마도 외부세계에는 아무것도 존재하지 않을 것이다. 어쨌든 (톨킨이 『반지의 제왕』을 위해 창조한 언어들처럼) 그 자체로 완전하지만 어떠한 실제 대상도 지시하지 않는 언어를 상상할 수 있다면, 우리는 어떠한 대상도 지시하지 않지만 정연하고 체계적인 이미지들의 배열을 가질 수 없는가? 꿈이야말로 바로 그런 이미지들의 배열이라고 데카르트는 지적했다. 이처럼 아리스토텔레스 철학과 전통적인 회의론 모두를 포기한 결과는 불안정해 보였으며, 과거의 어떤 것보다도 놀라운 형태의 회의주의가 되어 외부세계 전체를 사라지게 만들었다.

『방법서설』의 서두에서 이러한 의심을 제시하며 데카르트는 회의주의 문헌에서 뽑아낸 더 전통적인 의심들을 함께 다뤘다. 그는 만약 이 '과대평가된' 의심에 답할 수 있다면 전통적인 의심도 무너질 거라고 주장하면서 자신의 의심에 답하려고 노력했다―그에게는 이것을 사실이라고 가정할 이유는 없었지만. 그의 해답은 두 가지 논거에 기반하고 있었다. 첫째는 **코기토 에르고 숨**(Cogito ergo sum)('나는 생각한다. 고로 존재한다')이라는 슬로건으로 표현되었다. 즉, 외부에는 아무것도 없을지 모르지만 내면에는 무엇인가 있다는 사실을 우리는 안다. 왜냐하면 우리는 색이나 소리 같은 내면적 세계의 직접적인 경험을 가지고 있기 때문이다. 이러한 내면세계가 외부적인 것과 관련이 있을까? 여기서 데카르트는 **선험적인 '증거'**(말하자면 그 타당성을 검증하기 위해서 외부세계의 정보를 필요로 하지 않는 '증거')인 신의 존재라는 둘째 논거를 이용했다. 스스로 만족할 만큼 친숙한 부류의 신, 즉 자애로운 창조주라는 존재를 확립한 데카르트는 그러한 신이 자신이 사랑하는 피조물인 인간을 오도하지는 않을 거라고 결론지었다.

데카르트가 제시한 의심이 지닌 간결함은 전 유럽의 독자들을 흥분시켰지만, 그의 해법이 얼마나 설득력이 있는지는 분명하지 않았다. 나중에 가상디와 홉스 모두 지적한 바와 같이 신의 존재라는 논거는 매우 불확실한 것이었으며, 이 논거를 제거해버린다면 데카르트는 슈퍼회의론자가 될 것이다. 『방법서설』은 메르센과 그 밖의 사람들이 기대했던 자연과학의 정당성을 옹호하는 작업을 수행하는 대신에 오히려 자연

과학이 전적으로 가상적인 성격을 지니고 있음을 실증하는 것처럼 보였다. 과학은 (우리의 표현으로) 공상 과학과 구별할 수 없게 되었다. 따라서 주된 과업이 여전히 근대 철학에 남겨졌고, 홉스는 『방법서설』을 읽은 뒤에 그 특유의 지적인 자신감을 보이며 자신에게 그러한 중임이 맡겨졌다고 여긴 듯하다.

그 시점에 홉스가 생산한 성과들은 필사본 형태로 남겨져 일부가 20세기까지 보존되었지만 대부분은 사라졌다. 따라서 우리는 아마 홉스가 처음으로 철학을 시도한 것에 관한 진짜 이야기를 결코 알 수 없을 것이다. 현대 홉스 연구에서 이 이야기는 하나의 사실로 인해 불필요하게 왜곡되었다. 독일의 위대한 홉스 연구자 페르디난트 퇴니스가 1889년 영국박물관에 있던 「제1원리에 대한 소고」라는 원고를 홉스가 썼다고 주장했던 것이었다. 이 원고의 작성 시기는 1630년까지 거슬러 올라가는데, 이때는 홉스가 인식에 대한 자신의 철학을 최초로 정립했다고 주장한 시기였다. 불행하게도 이후 모든 연구자들이 퇴니스의 입장을 따랐지만, 그 작성 시기가 1630년이라는 사실은 차치한다 하더라도 그 원고가 홉스에 의해 작성되었다는 증거는 아무것도 없다. 또한 이 원고는 홉스가 자신의 근본적인 생각이라고 여긴 것들과 정면으로 모순되는 몇몇 주장을 포함하고 있다. 이러한 이유에서 나는 이 원고를 앞으로 참고하지 않을 것이다.

확실한 증거에 따르면 다음과 같이 설명할 수 있다. 1630년 중반에 홉스는 뉴캐슬 백작과 찰스 캐번디시 경의 지도에 따라 광학과 탄도학에 대한 근대적 연구에 착수하면서 마치 앞서 아리스토텔레스 윤리학에 대해 그랬던 것처럼 관습적인 아리스토텔레스 물리학에 대해 불만을 가지게 되었다. 심지어 데카르트의 저서들을 읽기 전에도 홉스는 인식 문제에 대해서 데카르트 및 가상디와 기본적으로 같은 결론에 도달했다. 1636년 10월에 홉스가 백작에게 쓴 편지는 작은 구멍을 통과하는 빛에 대한 것이었는데, 홉스는 그 편지에서 "제가 지금, 빛이 통과한다거나 색이 통과하거나 확산된다는 표현을 사용하고 있지만, 제가 하려는 말은 운동은 오직 매개물에만 존재하고, 빛과 색은 우리의 뇌 안에서 그러한 운동이 빚어낸 효과일 뿐이라는 것입니다"라고 말했다. 1년 뒤에 파리에 있던 한 친구가 데카르트의 『방법서설』 사본을 홉스에게 보내줬는데, 홉스는 거기서 자신의 이런 생각을 적용할 수 있는 회의주의적 방법을 보았다.

이후 3년 동안 홉스는 철학적 작업에 열중해 (앞으로 보게 되겠지만 홉스가 프랑스로 피신했던) 1640년 말에는 두 편의 원고를 작성했다. 하나는 라틴어로 작성된 상당히 중요한 저작으로 세 '부분'으로 나누어 구성했다. 1부는 형이상학과 물리학의 근본원리에 할애되었는데 공간, 물질, 운동 등의 본성에 대한 질문들을 다루었다. 2부는 인식에 대한 것으로 광학의 원리(반사와 굴절 등)에 대한 긴 논의를 포함했다. 또한 인식된 것에 대한 욕구와 '좋음'에 대한 판단 같은 인간 행위의 다른 양상들에 관한 내용을 다루었다. 3부는 이러한 논의들이 지닌 정치적 함의를 다루었다. 홉스는 이 저작물의 전체 제목을 '철학의 기초(The Elements of Philosophy)'라고 의도한 것으로 보인다. 초기 형태의 원고 가운데 제대로 보존된 것은 (원래 찰스 캐번디시 경의 소유였는데 현재 영국박물관에 소장된 원고인) 2부의 일부이다. 하지만 우리는 이 남겨진 부분을 통해서 데카르트에 대한 비판이 이 원고의 가장 중심적인 내용이라는 사실을 알 수 있다. 홉스는 거의 모든 페이지에서 데카르트의 광학이론을 비판했다.

1640년대에 완성한 두 개의 원고 가운데 나머지는 그 전체가 많은 형태의 필사본으로 보존되었다. 이 저작은 영어로 작성되었고 기본적으로 라틴어본 『철학의 기초』의 2부와 3부의 내용을 축약한 형태였다. 홉스는 이 원고의 제목을 '법의 기초(The Elements of Law, Natural and Politic)'라고 지었다. 같은 내용을 영어와 라틴어로 동시에 집필하는 것은 이후로도 홉스의 특유한 방식이 되었다. 이처럼 이중 언어적인 접근은 그의 저술 작업이 지닌 특징이었고 번역에 대한 그의 능력과 흥미를 반영한다. 홉스는 1640년의 정치적 사건을 분명히 염두에 두면서『법의 기초』를 꽤 빠르게 집필했다. 이 원고는 그의 영국 친구들에게 널리 회람되었으며, 그들 중 많은 이들과 그 이후의 독자들에게 홉스 철학을 가장 뛰어난 방식으로 보여주는 저작 가운데 하나가 되었다.

라틴어로 쓴『철학의 기초』의 독자로 상정된 홉스의 프랑스 친구들에게 이 두 원고의 가장 놀라운 점은 정치에 대해 다룬 마지막 부분이었을 것이다. 비록 데카르트가 윤리학과 정치학을 자신의 새로운 철학적 기초 위에 두려고 했다고 다소 모호하게 표명하긴 했지만, 그는 눈에 띄게 성공하지 못했고 정치에 관해 좀처럼 쓰지 않았던 주요 철학자들 중 한 사람으로 남았다. 홉스조차 1630년대 중반에 뉴캐슬 백작과 백작의 과학자들과 교류하면서 정치적 문제에 대해 특별한 관심을 가졌다는 정황은 없다. 하지만 홉스가 자신의 철학적 탐구에 정치에 관한 내용을 포함시키려고 한 것은 실제로 놀랍지 않은데, 그가 이러한 탐구에 부여했던 형태 때문이다―그것은 법의 기초에 대한 설명 방식으로서 그 핵심에서 **자연법**의 원리를 다루고 있었다.

회의주의를 넘어서려는 홉스의 목표에 정말로 많은 면에서 부합하는 법철학의 주요 저작이 이미 존재하고 있었기 때문에 이는 놀랍지 않다. 그 저작은 메르센 서클의 모든 구성원들에게 갈릴레이의『대화』가 했던 것과 같은 역할, 즉 그들의 새로운 후기 회의주의적 토대 위에 놓일 그러한 과학 유형의 표본이 되어준 것과 같은 역할을 홉스에게 해주었다. 그 저작은 바로 1625년에 출판된 후고 그로티우스의『전쟁과 평화의 법』이었다. 그로티우스는 네덜란드 사람으로 홉스보다 겨우 다섯 살 연상이었지만 유럽 전역에 걸쳐 엄청난 명성을 가지고 있었다. 홉스와 마찬가지로 그로티우스도 청년기에는 숙련된 인문주의자였으며 그의 조국에서 한 정치인의 보좌관으로 채용되기도 했다. 네덜란드 정치에서 비범했던 그의 경력은 1619년에 시도한 반란에서 절정을 이루었지만, 이때 거의 사망을 선고받았다. 그는 탈옥해서 나머지 일생을 망명 생활을 하며 보냈다. 젊은 시절 그로티우스는 립시우스나 몽테뉴의 인문주의에 개방적이었지만 점차 새로운 것이 필요하다는 생각을 하게 되었다. 이에 따라 17세기 초의 20년 동안 쓴 일련의 저작들에서 그는 새로운 종류의 윤리학 이론을 발전시켰으며, 1625년부터 이 이론은 공공의 영역에 완전히 알려졌다.

비록『전쟁과 평화의 법』은 매우 장황하고 산만한 형태의 저작이지만, 그 근본적인 주장은 매우 간단하다. 이 저서는 고대 회의론자인 카르네아데스의 관점을 요약하여 종래의 윤리학에 대한 회의론자들의 문제 제기로 시작해 그 도전에 응답을 시도한다―이는 마치 데카르트가 자신의 의심을 제기하

먼저 시작해 이에 응답하는 것과 같은 방식이었다. 그로티우스의 대답은 다음과 같았다. 우리가 무엇을 믿든 혹은 과거에 무엇을 믿었든 상관없이 모든 사람들이 동의할 수 있는 것은 모두에게 자신을 보호할 기본적인 **권리**가 있다는 것과, 타당한 이유 없이 또는 불필요하게 타인에게 해를 끼치는 것은 정당화될 수 없다는 사실이다. 사회의 구성원들이 이 두 가지 명제 가운데 하나라도 거부한다면 사회적 삶은 불가능하다. 하지만 사회적 존재에게 필요한 다른 원리는 없었다. 적어도 기본적인 수준에서는 말이다.

그로티우스는 자신의 이론이 회의론자와 아리스토텔레스주의자 모두를 겨냥한 것이라는 점을 분명히 했다. 그로티우스의 이론은 회의론자들에게 대답이 될 수 있었는데, 세계 도처에 존재하는 신념과 관습의 다양성이 최소한의 공통적인 핵심 도덕성과 양립할 수 있다는 점을 보여주었기 때문이다. 또한 그 이론은 아리스토텔레스주의자들에 대한 반박이 될 수 있었는데, 아리스토텔레스주의자들이 언제나 발전시키려고 했던 덕성 및 자연법의 원리에 대한 자세한 설명을 경시했기 때문이다. 가령 그로티우스는 이웃을 해치는 것과 달리 이웃을 도와주는 **자비로움** 같은 덕목들을 최소한의 핵심적 사항보다 높은 수준의 도덕성으로 보았다. 다르게 말해, 우리는 소속된 사람들의 공동 안전을 넘어서는 공동 복지에 대한 의식

6. 네덜란드 법학자이자 신학자였던 후고 그로티우스(1583-1645)의 초상화.
© Hulton Archive

이 전혀 없는 다소 냉담한 개인들로 구성된 사회를 상상할 수 있다.

그로티우스에 따르면 국제 관계는 그와 같은 사회를 보여 주는 사례이다. 국민국가는 다른 국가를 도울 하등의 의무가 없으며, 단지 서로를 해치지 않을 의무만을 지고 있다. 그로티우스의 저서는 많은 부분 이 의무를 준수하는 것이 지닌 의미들을 탐구하는 데 할애되었다.

그로티우스 저작의 세 가지 특징은 홉스의 기획에 특별히 중요했다. 첫째는 그로티우스가 립시우스와 몽테뉴 같은 사람들이 제시한 이론의 실질적인 내용 대부분을 포기하지 않으면서도, 자기보존에 대한 회의론자들의 인문주의적 언어를 **자연권**이라는 진정으로 **도덕적인** 언어로 어느 정도 전환했다는 점이다. 자연권에 기초한 이론들은 이 세기의 남은 시기 동안 윤리적 쟁점들을 논의하는 주된 수단이 되었다. 둘째는 그로티우스가 이러한 전환을 시도하면서 (데카르트와는 달리) 신에 대해 전혀 언급하지 않았다는 점이다. 실로 그는 한 악명 높은 글에서 자신의 이론이 "비록 (거대한 악행 없이는 불가능하겠지만) 우리가 신이 없다는 사실을 인정하더라도" 자신의 논지는 유효할 것이라고 말했다. 그로티우스는 스스로에게 유리한 방식으로 회의론자를 다루었다. 즉, 회의론자가 지닌 불안이 인간들이 지닌 신념들의 다양성에 대한 인식에서 비롯된 것이라면, 그러한 불안은 모든 인간이 공통적으로 가져야 할 것들을 언급하는 것으로도 반박될 수 있었다.

하지만 어떤 면에서 가장 중요한 것은 셋째 특징이다. 권리와 의무에 대한 그로티우스의 최소한의 핵심 사항은 (비록 그는 이와 같은 말을 사용하지 않았지만) '자연 상태'라는 것을 만들어냈다. 이 상태에서는 **모든** 사람들이 단순히 사람**으로서의** 자신을 발견해야 하고, 자비로움을 포함해 발전된 시민적 삶에 부속된 덕목들을 이 상태에 접목할 수 있다. 따라서 정부에 의해서 주장되는 권리와 의무가 무엇이든지 간에 그것은 자연 상태에서의 권리와 의무로부터 비롯되거나 이와 양립 가능해야만 했다. 이런 점에서 그로티우스는 철저하게 개인주의자였다. 어떠한 정치적 공동체도 구성원들에 대해서 도덕적 우위를 가질 수 없었다. 그 구성원들이 어떤 점에서 그와 같은 도덕적 우위를 공동체에 부여하지 않았다면 말이다. 이러한 관점 역시 같은 세기 동안 많은 정치사상의 특징을 이루게 되었다.

그로티우스가 자연권에 대한 자신의 새로운 이론을 설명하면서 사용한 방법 또한 시사하는 바가 많았다. 오늘날 우리는 자연권을 **자유주의**(liberal) 원칙으로 여기고 이를 미국 독립선언문과 '인간의 권리(rights of man)' 같은 것과 연결하는 데 익숙해져 있을지 모른다. 하지만 그로티우스와 그의 초기 추종자들에게 자연권에 대한 최소주의 이론은 **비자유주의적**(illiberal)이었다. 우리가 기본적으로 가지고 있는 **모든** 권리는 자기 자신을 보호하기 위함이다. (적어도 그로티우스에 따르면 다른 사람들의 생명을 위협하는 일 없이) 생존을 위해 필요한 것이라면 무엇이든 바로 **그러한 사실 때문에** 정당화된다. 이와 관련해 그로티우스는 두 가지 사례를 들었다. 하나는 자발적인 노예제인데, 이 경우 누군가가 굶주림과 처형에 직면해 생명과 식량을 대가로 자기 자신을 주인이 될 사람에게 판다. 다른 하나는 절대군주제인데, 이 경우 전체 인구가 사회적 평화와 번영을 위해서 자신들의 시민적 권리를 포기해야만 한다. 후자의 경우는 정확히 로마 교황들과 근대 절대군주들이 자신들의 전제적 권력을 위해서 사용한 정당화 방식이었다. 그리고 전자의 경우 많은 유럽인들은 서아프리카의 원주민 노예 상인들이 그들의 포로를 (정당하게) 획득하는 방식이라고 여겼다. 이와 같이 그로티우스의 이론은 그의 시대의 실제적 관행에 딱 들어맞았다. 그리고 이것은 후일 장자크 루소가 그로티우스를 맹렬하게 비난했던 점이기도 했다.

그로티우스의 이론이 지닌 이러한 비자유주의적 함의는 1630년대 후반 영국 정치계에 대한 홉스의 태도와 특별히 관련이 있었다. 홉스는 이 시기에 그의 조국이 "통치자의 권리와 백성의 의무에 관한 질문들로 불타올랐으며 이것으로 전쟁이

시작될 전조가 있었기 때문에"(『시민론』 서문 19절) 당시 자신
의 정치사상을 발전시켰다고 후일 이야기했다. 왜냐하면 실
제로 정치와 관련된 근본적인 문제들이 1637년과 1640년 사
이 영국에서 제기되었기 때문이다. 지난 50년 동안 유럽 정치
에서 영국의 입장은 네덜란드가 스페인 제국과 싸우는 데에
(아르마다 전쟁의 참전으로 이어진) 동맹이 되는 것이었다. 하지
만 이제 찰스 1세는 이전까지 동맹이었던 국가가 제국주의적
패권을 발전시켜나가는 것에 두려움을 느껴 영국을 스페인
진영으로 옮기려고 노력했다. 찰스가 두려움을 느낀 데에는
충분한 이유가 있었는데, 네덜란드는 상업과 군사력을 바탕
으로 가공할 만한 제국을 만들어가고 있었기 때문이었다. 심
지어 크롬웰 치하의 영국도 네덜란드에 대항해 싸워야만 했
다. 하지만 찰스가 제위에 있는 동안 공적인 여론은 그와 같은
정책 변화를 용인하지 않으려고 했으며, 찰스는 필요한 군사
적 지출이 의회의 승인하에 조달되지 못할 것이라는 사실을
알았다. 여러 이유에서 그는 1629년 이후로 의회를 소집하려
고 하지 않았다. 1635년 이후로는 네덜란드에 대항하는 새로
운 함대를 건조한다는 명목으로 '선박세'를 통해서 자금을 조
달했다. 이것은 해군 유지를 목적으로 조세를 부과할 수 있는
유구하고도 논쟁적인 왕의 권리였다.

　사람들은 이 조세에 심하게 반대했으며, 1637년에 있었던

유명한 법적 분쟁(Hampden's Case)에서 그 쟁점들이 다루어 졌다. 여기서 왕은 주장하기로, 모든 주권자는 왕국을 방어하기 위해서 군대를 소집할 권한을 가지고 있어야 하고, 왕국에 위협이 존재하는지 여부를 판단할 유일한 판관이어야 한다고 했다. 반대파들은 왕의 첫번째 주장은 인정했지만 두번째 주장은 부정했다. 또한 의회에서 여론이 적절히 대표되었을 경우 공적 여론 또한 위협이 존재하는지 여부를 판단할 수 있으며, 분명하게도 영국의 안보는 네덜란드에 의해서 위협받고 있지 않다고 주장했다. 나중에 보게 되겠지만 이것들은 홉스가 언급했던 '문제들'임에 분명했다 ─『법의 기초』에서의 그의 논리는 특히 왕의 입장에서 선박세 논쟁에 기여한 것으로 평가된다. 이처럼 대륙유럽에서와 마찬가지로 영국에서 '자연권' 언어들은 기존의 권위를 옹호하는 데에 사용되었다.

1640년에 이르자 찰스 1세의 정책에 대한 반대는 걷잡을 수 없게 되었다. 스코틀랜드인들은 찰스가 자신들의 나라에서 계획한 종교적 프로그램에 저항하기 위해 군대를 일으키고 영국군을 물리침으로써 찰스의 정책에 마지막 타격을 가했다. 이러한 군사적 패배로 인해 찰스는 1640년에 두 번의 의회를 소집할 수밖에 없었다. 먼저 '단기' 의회가 열렸고 이어서 11월에 그 유명한 '장기' 의회가 소집됐다. 의회가 소집되면 의원들이 왕의 장관들에게 등을 돌릴 것이 분명했다. 실제로 장기 의회는 주요 장관인 스트래퍼드 백작에 대한 사권 박탈법안(Act of Attainder)을 통과시켰다. 그는 1641년 5월에 처형됐다. 스트래퍼드는 뉴캐슬 백작의 오랜 후견인이었으므로 뉴캐슬 백작 주변 사람들은 그를 도와야 한다는 책임감과 그의 몰락에 말려들지 않을까 하는 공포를 동시에 느꼈음에 틀림없다. 심지어 홉스를 단기 의회의 후보로 내세우려는 움직임도 있었다. 이것은 (그로티우스와 유사하게) 인문주의에서 정치로의 전례 없는 전환이었다. 홉스는 결국 단기 의회에 참석하지는 않았지만, 『법의 기초』를 일종의 지침서로 집필해 백작과 그의 지지자들이 토론에서 활용할 수 있도록 했다. 하지만 장기 의회가 소집되었을 때, 홉스의 주된 감정은 『법의 기초』로 인해 자신이 언젠가 기소될 수 있다는 공포감이었다. 이런 이유로 홉스는 1640년 11월에 갑자기 프랑스로 도피하여 1651년 말을 전후한 겨울까지 머물렀다. 이 기간은 영국 내전에서 격렬한 전투가 벌어진 때였다.

프랑스로 가기 며칠 전 그는 프랑스 친구들에게 자신의 철학이 어떻게 발전했는지 알리기로 결심하고, 메르센에게 『철학의 기초』의 요약본이라고 할 수 있는 것을 보냈다. 메르센은 요청받은 대로 데카르트에 대한 비판적인 부분들을 데카르트에게 보냈는데, 데카르트는 이 무명의 논적에게 극도로 냉담하게 반응했다. 이 요약본이 지닌 장점에 힘입어 메르센은 홉스가 데카르트의 한 저작(『성찰』)에 대한 반박문을 기고해주길 바랐는데, 이 반박문은 데카르트의 책과 함께 1641년에 출판되었다. 일단 파리에 정착한 홉스는 『철학의 기초』의 3부를 라틴어로 출판할 준비를 하느라 바빴다. 이 출판물은 『법의 기초』에서 정치를 다룬 내용들이 자연스럽게 포함되었고 영어판과 마찬가지로 정치적 상황과 분명히 직접적인 관련이 있었다. 홉스는 이 원고를 1641년 11월에 마무리했고 '철학의 기초 3부: 시민론(Section Three of the Elements of Philosophy: The Citizen (De Cive))'이라는 제목으로 1642년 4월에 출간했다. 이 제목이 보여주는 것처럼 홉스는 이 출판 후에 나머지 1부와 2부를 곧 출간하려고 한 것이 분명했지만, 여러 이유로 인해 후속 출판은 늦어졌다.

그 첫째 이유는 홉스가 이제 매일 프랑스 철학과 접촉하며 근대 물리학과 형이상학의 복잡성에 대해 더 잘 알게 되었다는 사실에 있었다. 이제 그는 메르센 서클 외부에서 데카르트를 비판하는 사람이 아니라, 함께 전투를 치르는 동맹에 가까웠다. 이러한 이유로 (아마도 메르센의 요청에 의해서) 그는 1643년의 많은 시간을 또다른 영국 망명객 토머스 화이트가 쓴 데카르트와 갈릴레이에 대한 비판적인 저서를 반박하는 데 할애했다. 이 반박의 요약본이 그다음 해에 메르센이 편집한 한 권의 책으로 출간되었다. 이것은 정치 이론과 구별되

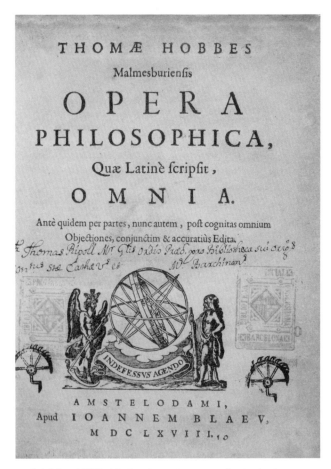

7. 출간된 홉스의 『철학 선집』 속표지. © Archivo Iconografico S.A/Corbis

는 홉스의 일반 철학에 대한 최초의 공적 출판이었다. 1646년에 이르러 홉스는 데카르트에 대해 꽤 애정을 가지고 이야기할 수 있게 되어 그 자신을 데카르트의 하급자로 묘사할 정도였다. 그들은 1648년에 마침내 만났는데, 이때는 데카르트가 스웨덴으로 이주하기 직전이었다. 데카르트는 그곳에서 1650년에 사망했다.

홉스가 추가적인 출판을 미룬 둘째 이유는 가난 때문이었다. 전쟁이 점점 왕에게 불리해지자 파리로 합류한 다른 왕당파 망명자들처럼 그는 영국으로부터의 수입이 끊겼다―홉스의 경우는 캐번디시 가문의 재산으로부터 나오는 수입이었다. 1646년에 홉스는 가난 때문에 왕세자의 수학 교사 자리를 받아들였다. 후일 찰스 2세로 재위하게 될 왕세자도 당시 파리에 도착했다(왕세자는 훗날 홉스를 일러 자신이 만났던 사람 중 가장 괴짜라고 평했다). 교사 자리는 많은 시간을 잡아먹었고, 홉스는 이로 인해 『철학의 기초』를 마무리하지 못했다고 말했다. 급여도 극히 불규칙적이었다. 그럼에도 불구하고 1646년 5월에 이르러 홉스는 나중에 『철학의 기초』 2부로 출간될 수 있는 많은 분량의 원고를 (영어로) 썼고, 나머지 1부를 마무리하는 중이었다. 하지만 같은 해 홉스는 『시민론』의 신판을 승인하면서 그 제목을 '시민론에 대한 철학적 기초'라고 단순하게 바꾸고 추가적인 출간에 대한 언급을 피했는데, 이러한 사실은 그의 새로운 현실감각을 보여주는 것 같다. 신판은 대중 시장을 겨냥하는 암스테르담의 엘제비르 출판사에서 1647년 초반에 나왔고 이 출판사 이름 덕분에 국제적으로 홉스의 지위는 확고해졌다. 『시민론』의 초판 부수는 매우 적었고, 1647년에야 비로소 홉스의 이름은 동료들 이외의 사람들에게도 알려졌다. 홉스는 이 두번째 판에 많은 분량의 설명적인 주석을 추가했는데, 대개 이 주석들은 그가 쓴 다른 어떤 것보다도 그의 주장의 난해한 부분들을 잘 설명한 것이었다.

1647년 몇 달 동안 홉스는 중병에 걸렸고 병자성사를 받을 정도로 거의 죽기 직전까지 갔다. 홉스는 결코 완전히 회복되지 못했지만 놀라울 정도로 건강한 체질 덕분에 이후 30년을 더 살았다. 하지만 1648년경부터 오늘날 학자들이 파킨슨병으로 생각하는 증상들을 보이기 시작했고, 점차 스스로 원고를 쓰지 않고 대필 조수에 의존하게 되었다. 1651년 영국으로 돌아와 겪은 난국과(이에 대해서는 다음 절을 볼 것) 더불어, 홉스의 건강 상태는 『철학의 기초』의 완성을 더욱 지연시켰다. 그 결과 1655년에 이르러서야 '물체론(Matter(De Corpore))'으로 이름 붙인 1부가 출간되었고, 1658년에는 '인간론(Man(De Homine))'〔한국어판은 『인간론』, 지식을만드는지식, 2013〕이라는 제목으로 2부가 출간되었다. 이 3부작은 1668년 암스테르담의 (대중 시장을 겨냥하는 또다른 출판사인) 블라외 출판사가 홉스의 라틴어 저작을 모은 판본을 제작하기까지 한 권으로 출판되지 않았다. 홉스는 정신적으로도 노쇠해졌을지 모른다. 『물체론』과 『인간론』은 많은 면에서 만족스럽지 않은 저작이었고, 그의 초기 저작들처럼 열렬한 추종자들을 만들어내지 못했다. 이처럼 단일한 철학적 체계를 구성하려 했던 홉스의 이야기는 결국 타협과 권태의 서사가 되었는데, 일찍이 그가 가졌던 포부의 새로움은 마침내 출간된 책들에서 볼 수 있듯이 따분한 독단의 형태로 바뀌었다.

이단자로서의 삶

1647년의 병으로 홉스는 점차 쇠약해졌을 것이고 당시 홉스의 나이(59세)에 죽는 것은 17세기 중반의 사람에게 놀라운 일도 아니었지만, 얼마 지나지 않아 그가 그의 가장 유명한 저작인 『리바이어던』을 쓸 수 있었다는 것은 주목할 만한 사실이다. 이 작품은 1651년 4월에 영국의 한 출판사에서 나왔다. 홉스는 자기 원고의 일부를 나누어 매주 파리에서 런던으로 보냈고 다시 그 교정쇄를 돌려받았는데, 이는 놀라운 출판 방식이다. 홉스에게 '맘스베리의 야수'라는 평판을 즉시 가져다준 것이 바로 이 『리바이어던』이었다. 그 평판은 결코 완전히 사라지지 않았고 한때 친구였던 사람들로부터 위협을 받을 정도로 오랜 기간 이어졌다. 그들이 보기에 이 책은 많은 면에서 홉스가 지난날 옹호했던 것들을 부정했다. 또한 그들에게 이 책은 왕정의 대의를 배신하는 저작이었다—1649년 1월 찰스 1세가 처형된 뒤에 이러한 대의는 보다 많은 지지를 필요로 하게 되었다. 1660년에 왕정이 회복되었을 때 홉스는 이러한 혐의들을 지속적으로 부인했지만, 그 혐의들은 전혀 근거가 없는 것은 아니었다.

이러한 혐의에 대한 한 가지 단서는, 찰스 1세의 처형 1년 뒤 홉스의 초기 저작들이 새로운 공화정 체제를 반박하는 왕당파의 논리를 세우려는 목적으로 영국의 출판사들에 의해 불법적으로 유통되기 시작했지만, 홉스가 명백하고도 의도적으로 『리바이어던』이 그와 같은 방식으로 다뤄지는 것을 거부했다는 사실에서 찾을 수 있다. 이리하여 『법의 기초』는 1650년 초반에 (두 부분으로 나누어) 출판되었고, 『시민론』의 비공인 번역본은 1650년 11월 출판사에 의해 등록되어 실제로 1651년 3월 서점에 등장하기 시작했다. 같은 시기에 『리바이어던』도 출간되었다. 왕당파들은 이 비공인 출판물들을 열심히 읽었는데, 그중 한 사람인 홉스의 오랜 친구 로버트 페인은 옥스퍼드의 한 서점에서 『법의 기초』를 구한 뒤 그것이 『시민론』의 해적판 번역이라고 잘못 생각한 탓에 1650년 5월경 공인된 번역본을 출간해달라고 요청하는 편지를 홉스에게 쓰기도 했다.

페인은 홉스의 답장을 받고 무척 당황했는데, 홉스가 이미 영어로 정치에 관한 '가벼운 책을 하나' 쓰고 있으며, 3분의 2가량을 완성했고 자기가 쓴 만큼 자신의 한 친구가 프랑스어로 번역했다고 답장을 했기 때문이다―이 프랑스어본은 사라졌다. 이 '가벼운 책은'은 물론『리바이어던』이다. 홉스가 새로운 저작에 실릴 내용을 페인에게 언급했을 때 그의 오랜 친구는 더 당황했는데, 이 책이 영국 국교회 질서에 대한 노골적인 공격과 '독립파(Independency)'로 알려진 이들을 옹호하는 내용을 포함하고 있었기 때문이었다. 이러한 공격은 그 책의 3부와 4부에 담겼다. 반면에 1부와 2부는 심리적·정치적 관념들에 대한 홉스의 사상들을 재서술한 것이었고 실질적으로 예전 형태들과 동일했다.『리바이어던』이 지닌 특별한 의미와 홉스가 그것을 쓴 동기는 오늘날 독자들이 거의 읽지 않는 3부와 4부의 주장에 있었다.

페인이 경악한 이유를 이해하기 위해서는 내전에서의 중요한 쟁점 가운데 하나가 교회의 지위와 조직에 대한 것이었다는 점을 유념해야 한다. 장기 의회는 스트래퍼드 백작의 권리를 박탈하고 1630년대에 시행된 찰스 1세의 정책을 무력화한 뒤에 그들의 관심을 교회로 옮겨 주교직의 폐지와 평신도 감독관 체제로의 전환을 제안했다. 찰스와 왕당파들에게 주교

8. 찰스 1세(1600-1649)의 공개 처형 장면. 처형은 1649년 1월 30일 화이트홀의 연회장 밖에 세워진 교수대에서 이루어졌다. © Hulton Archive

들이 감독하는 영국 교회를 보존하는 문제는 군에 대한 통제 주체를 둘러싼 문제만큼이나 싸울 가치가 있는 쟁점이었다. 비록 후자의 문제가 1642년에 나라를 실제 전쟁으로 몰고 갔지만 말이다. 반면에 의회파에게는 교회를 재편하는 일도 똑같이 중요했다. 1643년에 왕은 영국의 북서부 탄전(炭田) 지역을 통제해 런던의 에너지 공급을 차단하면서 승기를 잡아 갔다. 의회파는 이 통제를 분쇄하기 위해 스코틀랜드를 전쟁으로 끌어들일 필요가 있었는데, 스코틀랜드는 영국이 장로파 체계를 갖춘 교회정치를 도입하는 데 동의하는 것을 조건으로 전쟁에 개입할 준비가 되어 있었다. 장로파의 교회정치는 주민들과 정부 조직에 대해 성직자와 평신도 장로회가 도덕적이고 종교적인 가공할 통제력을 행사하는 형태였다.

1644년부터 1649년까지 의회는 형식적으로 그와 같은 체제를 따랐지만, 많은 영국 의회파들은 주교정치의 규율만큼이나 이 체제를 두려워했다. 그들이 원했던 것은 뉴잉글랜드 지역 일부에서 시행하는 방식과 유사한 것이었는데, 교구들은 교리나 규율의 문제에서 상대적으로 독립적이고, 국가는 오직 느슨한 감독 역할만을 수행하는 것이었다. 크롬웰과 그의 군대는 이 독립파를 대변하게 되었으며, 연이어 왕과 스코틀랜드에 대해 승리하자 독립파는 새로운 공화국을 지배할 그들의 교회정치에 대한 비전이 되었다.

　이러한 배경을 고려해볼 때, 페인이 경악한 이유는 쉽게 알수 있다. 홉스는 왕을 처형한 바로 그 사람들이 고수하는 원칙들을 주로 지지했기 때문이었다. 『리바이어던』에 담긴 내용을 알게 되자 홉스의 오랜 왕당파 친구들은 그와 더이상 관계를 맺지 않으려 했고 홉스를 '무신론자', '이단자', '반역자'라고 비난하기 시작했다. 그의 초기 저작들 때문에 이러한 혐의들이 제기된 것은 분명히 아니었다. 찰스 1세와 찰스 2세를 모두 장관으로 섬겼던 클래런던조차 『법의 기초』와 『시민론』을 높게 평가했지만, 그 역시 『리바이어던』에 대해서는 몸서리를 쳤다.

　게다가 홉스는 단지 특정한 형태의 교회정치를 지지하는데 만족하지 않았다. 『리바이어던』이 마침내 출간되자 그의 예전 친구들은 그들 중 한 명이 '기독교 무신론의 잡동사니'라고 명명한 내용 또한 책에 포함된 것을 보고 충격을 금치 못했다. 그것은 유물론 철학에 부합하는 가장 특이한 형태의 기독교 신학이었다. 홉스는 그의 유물론을 결코 숨긴 적이 없으며, 특히 데카르트의 『성찰』과 함께 출간된 그의 반박문을 보면 홉스가 유물론자라는 사실은 분명함에도 불구하고, 『리바이어던』에서처럼 정통 신학에 대해 불필요하게 공격적인 경우는 한 번도 없었다. 그 책의 제목 자체가 오싹했다. 그 전거는 성경 욥기 41장이었는데 거기서 '리바이어던'(또는 바다 괴물)은 절대적이고 무시무시한 힘을 가진 것으로 묘사되었다—"세상에 그것과 비할 것이 없으니 그는 두려움 없이 지음을 받았다". 이것이 홉스가 묘사한 국가(State)로서 욥과 같은 하느님의 종에게조차 절대적인 힘을 행사하는 것이었다. 그 메시지는 (아마도 화가 바츨라프 홀라르가 디자인했을) 놀라운 속표지에 의해 한층 더 부각되었는데, 거기에서는 지팡이와 칼을 손에 든 거대한 사람이 온몸을 작은 사람들로 가득 채우고는 안정된 한 시골 지역으로 불길하게 다가오고 있는 것처럼 보인다.

홉스는 분명히 동시대의 감수성, 특히 영국 국교회적 감수성을 공격하기 위해서 『리바이어던』을 기획했다. 그는 심지어 이 책에 「재검토 및 결론」을 추가해, 새로운 체제가 실제적인 권력을 보유했다는 사실에 기초해 이를 옹호하는 최신 팸플릿 문헌들과 자신의 논의를 명백히 연결했다. 그렇다면 홉스는 『리바이어던』을 왜 썼을까? 페인의 설명에 따르면 홉스는 파리의 망명 궁정에 모인 국교회 성직자들로부터 공격을 받았고 거기에서 무슨 일이 있었다는 것이다. 확실히 홉스에게는 그들을 격앙시키는 무언가가 늘 있었다. 1645년에 있었던 홉스와 존 브램홀 주교 간의 논쟁은 자유의지와 결정론에 대한 것이었는데, 이 논쟁에서 그들의 격앙은 상대적으로 명예로운 방식으로 표현되었다. 하지만 덜 명예로운 면도 있었는데, 홉스는 성직자들의 속임수로 인해 자신이 왕세자의 가정교사로 일한 데 대한 급여 전액을 받지 못하게 되었다고 생각한 것 같다.

1649년 이후 새로운 공화국에 의해 입안된 종교적인 체제는 홉스가 일반적인 이유로 바라던 것과 가장 유사했으며, 그가 전통적인 주교 제도보다 선호한 것이라고 해도 과언이 아니다. 대다수의 (그로티우스와 로크를 포함한) 흥미로운 17세기 정치사상가들과 마찬가지로 홉스는 장로파 칼뱅주의의 도덕적이고 지적인 규율을 가장 두려워했다. 그로티우스를 추방한 것도, 근대 회의론과 후기 회의주의 철학에 위협으로 보였던 것도 바로 네덜란드의 칼뱅주의자들이었다. 그들의 반대파에게 주교 제도는 장로파를 막을 수 있는 보루로서 유용했지만, 주교 제도가 지닌 규율 체계도 언젠가 철학에 불리한 방식으로 사용될 수 있었다. 상대적으로 관용적이고 평신도가 영향을 끼칠 수 있는 1630년대의 주교 제도도 반드시 믿을 수는 없었다. 반면에 독립파의 규율 체계는 종합적인 종교적 내용을 전혀 갖지 않았다. 이에 따르면 모든 것은 국가가 전적으로 부과한 구조 안에서 자유롭게 결정될 수 있었다. 앞으로 보게 될 것처럼 이는 홉스가 진심으로 바라던 것이었지만, 1649년까지 그는 실현 불가능할 거라고 생각했던 듯하다.

실제 홉스는 그해 9월 초에 영국으로 돌아가겠다고 가상디

에게 말했고, 1651년 말, 그러니까 찰스 2세에게 『리바이어
던』 필사본을 바친 후에 해협을 건너 본국으로 돌아갔다. 그
리고 다시는 프랑스로 돌아가지 않았다. 같은 해 초 데번셔 백
작은 자신의 영지 일부를 추가했고(이 말인즉 백작은 왕을 지지
했다는 이유로 빼앗긴 땅을 다시 소유하는 대가로 정부에 일시금을
지불해야만 했다), 이로써 홉스에게 다시 봉급을 줄 수 있게 되
었다. 1653년 홉스는 예전의 삶으로 다시 돌아가 런던에 있는
데번셔 가문의 집에 주로 거주했다.

홉스는 공화국과 크롬웰 호국경 시대에 비교적 평온한 삶
을 살았다. 그는 새로운 공화국 체제 하에서 다양한 친구들과
지지자들을 얻었다. 그 가운데 가장 흥미로운 사람은 존 셀든
이었는데 그는 여러모로 영국의 그로티우스였다. 셀든은 변
호사이자 정치사상가로서 최소주의적이며 후기 회의론에 속
한 그로티우스의 도덕관을 열렬히 지지했고 교회의 권위와
규율에 대한 비판에 줄곧 몰두했다. 1620년대에 그는 왕정과
홉스의 친구들을 반대하는 데 앞장서는 의회파였지만, 1630
년대에는 클래런던과 같은 사람들과 어울리고 찰스 1세가 펼
친 반(反)네덜란드 정책을 옹호하는 글을 쓰기도 했다. 하지
만 셀든은 장기 의회에 선출된 뒤에는 내전 중 의회파의 논리
에 헌신했는데, 자신과 그의 친구들이 바라던 종교적 타협이
결국 이루어질 수 있을 거라고 믿었던 것이 주된 이유였다. 그

것은 교회가 강력한 국가의 통제하에 놓이게 되는 형태였는데, 결국 그 믿음은 입증되었다. 공화국과 호국경 시대의 주요 정치인 가운데 많은 사람들이 셀든을 흠모했는데, 예컨대 존 밀턴은 그를 높게 평가했고 크롬웰도 한때는 그에게 새로운 헌법 작성을 요청하려고 했다. 홉스가 그에게 『리바이어던』 증정본을 보내기 전까지 셀든과 홉스는 만나지 못했지만, 홉스는 그의 저작을 오랫동안 존경했으며 셀든은 『리바이어던』에서 홉스가 트집 잡지 않고 언급한 거의 유일한 사람이었다. 전하는 바에 따르면, 홉스는 1654년 셀든의 임종을 지켜보며 그에게 사제를 만나지 말라고 종용했으며 (오브리에 따르면) 다음과 같이 말했다고 한다. "당신은 사내답게 글을 쓰더니 이제 여인처럼 죽으려고 하오?"

셀든 같은 사람들이 정권을 잡았고 장로파는 승리하지 못했지만, 그들이 완전히 패배한 것도 아니었다. 일부 성직자들은 여전히 단일한 전국 규모의 장로교회를 원했다. 더군다나 아직도 전통적인 주교 제도를 옹호하는 사람들이 있었다. 1650년대에 홉스는 이 두 집단 모두와 대립하게 되었다. 전통적인 주교 제도를 옹호하는 사람들을 반박하기 위해서 홉스는 10년 전 브램홀 주교와 주고받은 글들을 출간했다. 브램홀 주교도 이에 답하며 자신의 입장을 옹호했는데, 그것은 진지한 철학적 성찰을 훨씬 뛰어넘는 것이었다.

　하지만 보다 중요한 것은 장로파에 대한 홉스의 대응이었다. 홉스는 1650년대 중반 옥스퍼드에서 진행된 독립파와 장로파 사이의 논쟁에 참여하는 방식으로 이에 대응했다. 홉스가 관여한 방식은 두 가지였다. 한편으로 그는 저명한 옥스퍼드 장로파인 존 월리스와 신랄한 논쟁을 벌였다. 이 논쟁은 월리스가 『물체론』에서 제기된 홉스의 기하학적 논의를 반박하면서 시작되었지만, 곧 (홉스의 기고문 가운데 한 제목의 표현을 빌리자면) '존 월리스의 터무니없는 기하학, 촌스러운 언어, 스코틀랜드식 교회정치와 야만성'을 다루는 논쟁으로 번졌다―이것들은 홉스가 가장 혐오하는 모든 것의 훌륭한 목록이라 할 만했다. 다른 한편으로 홉스는 옥스퍼드의 독립파들이 월리스와 같은 사람들에게 맞설 수 있도록 지원하고 조언했다. 홉스에게 도움받은 사람들은 (『리바이어던』을 라틴어로 번역하기 시작했던) 헨리 스터브와 같은 젊은 교수부터 공화국 정부가 보낸 독립파 부총장에 이르기까지 다양했다.

　당시 영국의 정치적 지형은 홉스에게 유리했다. 하지만 1660년 왕정복고가 일어난 뒤에는 그렇지 못했다. 크롬웰이 죽은 뒤 내부적인 반목 속에서 공화국이 붕괴되자 홉스의 정적들인 장로파와 국교회주의자들은 서둘러 동맹을 형성했다. 이 동맹은 왕의 복귀를 용이하게 만들어주었다. 그 정당한 보상으로 스코틀랜드에서는 장로교회 체제가 확립되고 영국에서는 국교회 질서가 회복되었다. 반대자들은 다양한 방식으로 처벌받았다. 더욱이 찰스 2세와 함께 망명길에서 돌아와 권력을 회복한 자들은 전쟁 이전에는 홉스와 교류하며 그를 존경했지만, 이제 그의 명백한 반역 행위를 이유로 홉스를 혐오하게 되었다. 가장 극적인 사례는 새로운 정부에서 장관직을 맡은 두 사람, 클래런던 백작 에드워드 하이드와 1660년에서 1663년에 걸쳐 런던 주교를 지내고 1663년에서 1677년에 걸쳐 캔터배리 대주교를 지낸 길버트 셸던이었다. 두 사람 모두 자신을 1630년대 후반의 국교회 왕당파 계승자로 여겼으며, 그들은 같은 시기에 홉스도 이를 지지한 것으로 생각했다. 클래런던은 자서전에서 내전 이전 그레이트 튜의 포클랜드 경 집에 모인 사람들의 목가적인 풍경을 통해 당대의 국교회 문화를 묘사했다. 이 모임에는 셸던과 홉스의 예전 친구들이 다수 포함되어 있었다. 그들은 이제 그레이트 튜에서의 가치들을 회복하고 그들과 절연한 홉스를 처벌하기를 원했다.

하지만 클래런던과 셸던 모두 새로운 정권에서 확실한 권력을 가지고 있지 않았다. 국왕 스스로가 헌신적인 국교회 신자가 아니었고(실제로 그는 비밀스럽게 로마 가톨릭으로 개종했다), 그의 궁정 신하들과 참모들 중 다수가 차라리 종교적으로 자유분방한 입장을 가졌거나 호국경 시대의 생존자들이었다. 이들 가운데 어느 쪽도 클래런던의 비전에 집착하지 않았으며 비국교도들에게 더 많은 관용을 허용하려 했다. 홉스의 '무신론'이나 '이단'은 실제로 이들 다양한 인물이 정부에서 벌인 경쟁에서 쟁점이 되었으며, 1667년 클래런던의 탄핵과 추방으로 마무리되었다. 그 이유는 클래런던이 자신의 반대파인 관용주의자들을 무신론과 신성모독으로 지속적으로 비난하고 1666년 10월에는 왕정복고 이후 처음으로 이단자를 형사범으로 처벌하는 법률안을 하원에 상정하는 것을 허용했기 때문이었다. 이 법률안을 검토한 하원 위원회는『리바이어던』의 무신론적 관련성에 대한 정보를 수집할 수 있는 권한도 가지고 있었다.

78세의『리바이어던』저자에게는 다행스럽게도 이 법률안은 주교들의 노력에도 불구하고 상원에서 부결되었고 다음해에 두번째 상정이 시도되었지만 실패했다. 비록 지속적으로 (1674년, 1675년, 1680년에) 상정되었지만 말이다. 이처럼 홉스는 1666년부터 죽을 때까지 자신의 신념을 이유로 투옥되거나 추방될 무서운 가능성에 직면해 있었다. 이것은 마치 하원의 적대적인 분위기를 피해 프랑스로 도피한 1640년의 재연 같았다. 홉스에게 가해진 공식적인 처벌 위협은 한동안 이어졌다. 1668년 3월에는 대니얼 스카길이라는 케임브리지 코퍼스 크리스티 칼리지에 소속된 한 연구원이, 1669년 그의 진술에 따르자면 "나는 홉스주의자이자 무신론자임을 자랑스럽

게 여긴다고 공언했기" 때문에 연구원 자리를 박탈당하기도
했다.

이런 무서운 경험들이 홉스의 이후 삶에 영향을 끼쳤으며,
이로 인해 그는 자신을 정당화하기 위한 마지막 저술 작업에
착수하게 되었다. 홉스는 영국에서 자신의 어떤 저작도 검열
을 통과하지 못할 거라는 말을 들었다. 하지만 1668년 그는
자신의 유물론을 옹호하는 부록을 붙여『리바이어던』라틴어
번역본을 (라틴어 작품집 형태로 블라위 출판사에서) 출간했고,
영국 법에는 이단에 대한 처벌 규정이 없다고 주장했다. 또한
홉스는『리바이어던』에서 종교적 통치와 관련된 부분을 제거
함으로써 독립파에 대한 지지를 철회했다. 동시에 그는 영어
로 여섯 저작의 초고를 썼는데, 이 가운데 어떤 것도 그의 생
전에 출판되지는 못했다.

그 가운데 첫 책은『철학자와 영국관습법 학생의 대화
A dialogue between a philosopher and a student of the common laws of
England』로 아마도 홉스가 1666년에 쓴 것 같다. 두번째는『이
단과 그 처벌에 대한 역사 서술An Historical narration concerning
heresy, and the punishment thereof』로 1668년에 작성되었다. 세번
째는 (마찬가지로 1668년에 쓴) 브램홀 주교에 대한 새로운 답
변이었으며, 네번째는 스카길 사건에 대한 (사라진) 홉스의 논
평이었다. 또한 그는 1670년 말의 어느 시점에『비히모스, 또

는 장기 의회Behemoth, or the Long Parliament』를 썼다. 한편 우리가 아는 홉스의 마지막 영어 원고는 1968년 채츠워스에서 발견된 이단에 대한 짧은 논평이다. 이와 함께 홉스는 이 기간 동안 라틴어 운문인 『교회사Historia Ecclesiastica』를 썼는데, 이 저작 또한 이단 문제와 주로 관련되어 있었다.

이단은 이 모든 저작들의 주요 주제였다. 심지어 내전의 역사를 다룬 『비히모스』도 이단자에 대한 처벌의 역사에 관한 논의로 시작해 전쟁을 촉발한 것은 지적인 문제를 통제하려는 칼뱅주의 성직자들의 사악한 바람 때문이었다는 주장으로 이어졌다. 이 책에서 크롬웰은 상당히 존중 어린 태도로 다루어졌지만, 클래런던 시기 국교회의 회복에 대해서는 언급조차 되지 않았다. 어떤 면에서 왕정복고는 내전 기간에 시작된 장로파 칼뱅주의에 대한 평신도들의 공격이 정점을 이룬 사건으로 그려졌다. 더군다나 이 기간에 저술된 첫번째 작품인 『영국관습법에 대한 대화』의 논점은 영국 법원(法源)에 대한 홉스의 해석에 따라 이단자에 대한 어떠한 공격도 정당화될 수 없다는 것이었다. 하지만 홉스는 이러한 과정을 통해 법의 본질과 영국관습법에 대해 논의할 수 있는 몇 가지 포괄적이고 정밀한 틀을 제공했는데, 이로 인해 이 저작은 현대 독자들에게 인기가 있었다. 왕정복고 이후 홉스의 많은 저작들이 대화 형식으로 표현되고 있다는 점도 눈여겨볼 만한데, (월리스는 이 대화편들이 '토머스와 홉스' 사이의 대화라고 투덜댔지만) 지극히 인문주의적인 관행으로 회귀했다는 점에서 흥미롭다.

데번셔 백작과 뉴캐슬 백작은 홉스의 위기 상황에 도움이 되지 못했는데, 왕정복고 이후 두 사람 모두 실질적으로 공적인 삶에서 은퇴했기 때문이었다. 하지만 홉스는 자신을 도와줄 수 있는 후원자를 찾았다. 그는 알링턴 백작인 헨리 베넷으로 클래런던의 주요 적수 중 한 사람이었다. 홉스는 망명 궁정에서 그를 만났을 것이다. 왕과 마찬가지로 알링턴 백작은 국교회보다 가톨릭에 우호적이었고 모든 종류의 비국교도들에 대한 제재 완화를 선호했다. 그는 1666년과 1667년에 홉스가 하원의 노여움을 모면하는 데 도움을 주었고, 『이단과 그 처벌에 대한 역사 서술』에 대해 (비록 이 작품이 검열을 통과하는 데 도움을 주지는 못했지만) 유익한 논평도 해주었다. 기하학에 대한 홉스의 논쟁적인 저서와 마찬가지로 『비히모스』는 알링턴 백작에게 헌정되었다. 1669년 토스카나의 코시모 데 메디치 대공이 국빈으로 방문했을 때 그를 소개받을 수 있었던 것도 알링턴 백작의 영향력 덕분이었던 것 같다. 대공은 홉스에게 감명받아 그의 저작 사본들과 피렌체의 메디치 컬렉션에 걸어둘 그의 초상화를 가지고 귀국했다.

알링턴 백작은 클래런던의 실각 후에 (주요 장관들인 클리퍼드Clifford, 알링턴Arlington, 버킹엄Buckingham, 애슐리 쿠퍼Ashley

Cooper, 로더데일Lauderdale의 이니셜을 따서 카발Cabal 정부라고 알려졌던) 새로운 정부를 구성한 다섯 명의 장관 중 한 사람이었다는 점에서 특히 유용한 후원자였다. 그들은 종교적 관용이나 포용을 증진한다는 공언된 목표를 가지고 권력을 잡았다. 말하자면 그 목표는 국교회이지만 비국교회 교회들에 시민권을 부여하는 형태이거나, 전국 규모의 단일한 교회이지만 내부에 광범위한 이견을 포함하는 형태였다. (1674년까지 이어진) 재임 기간 동안 그들은 같은 프로젝트에 헌신하는 많은 조언자들을 끌어들였다.

조언자들 가운데 몇몇은 셀든의 오랜 친구들이었다. 변호사였던 존 본과 매슈 헤일은 법조 고위직에 임명되어 관용에 대한 법률적 문제들을 조언했는데, 그들은 셀든의 유언 집행자이기도 했다. 본은 홉스의 『영국관습법에 대한 대화』를 원고 형태로 읽었고 마음에 들어 했다. 헤일도 이 책을 읽었는데, 비록 이에 대한 비판을 쓰기도 했지만 홉스의 기본적인 관점들에는 동의했다. 또다른 조언자는 존 로크였다. 이 시기 그는 1672년부터 섀프츠베리 백작으로 불리는 애슐리 쿠퍼와 아주 가깝게 지냈다. 홉스가 알링턴 백작을 위해 이교도에 대한 글을 썼던 때와 같은 시기에 로크는 그의 고용주를 위해 관용에 대한 글과 연설문을 작성했다─이것은 17세기의 위대한 철학자 두 사람이 공동의 대의에 협력하는 유례없는 장면이다. 우리는 두 사람이 만났는지 알지 못한다—홉스의 친구였던 오브리가 1673년 로크에게 편지를 써 이단자에 대해 홉스가 쓴(특히『영국관습법에 대한 대화』와『비히모스』) 원고들을 봐달라고 요청하면서 이런 말을 하긴 했다. "이 노신사는 이상하리만큼 여전히 활기차다. 당신이 만약 그를 본다면 (그는 친절하게 받아들일 텐데) 부디 내 안부를 전해주기 바란다."

홉스와 로크가 동시에 같은 일에 협력했다는 사실은 카발 정부의 정책들이 영국 정치의 통상적인 범주였다는 사실을 보여준다. 그 정책들은 주로 관용주의를 추구했지만, 대체로 국교회 및 반(反)관용주의적인 의회의 반대에 대항해야만 했다. 이러한 반대의 결과로 (예컨대) 1673년에 문관과 군관에 임용된 사람 모두가 영국 국교회에 가입하도록 하는 심사법(Test Act)이 통과되었다. 이에 따라 카발 정부의 장관들은 군주 권력을 신장시킬 태세가 되어 있었다. 만약 그렇게 함으로써 교회의 권력을 약화시킬 수 있다면 말이다. 많은 면에서 이것은 '계몽적 전제주의'의 기조였다. 이 용어는 러시아의 예카테리나 대제와 같이 자유주의적이지만 전제적인 18세기 유럽 통치자들의 활동을 묘사하는 데에도 사용되었다. 섀프츠베리 백작을 위해 로크가 작성했던 이 시기의 글들도 이러한 접근을 전적으로 지지했으며, 홉스가 항상 원하던 바와 매우 유사했다. 17세기 내내 영국에서는 국교회를 믿는 토리당 보수주

9. **하드윅 홀.** © Eric Crichton/Corbis

의자들이 다수파를 점하고 있었고 관용 정책을 원했던 이들은 누구나 의회에 어느 정도 부정적일 수밖에 없었다. 로크는 그의 말년에 좀더 혁명적인 국면에서조차 필요 이상의 의회 주권에는 무관심했다.

하지만 1674년에 카발 장관들 가운데 마지막 장관이 뿌리 깊은 국교회주의에 직면하여 실각하자, 장기적인 관점에서 종교적 타협은 변화를 겪지 않았고, 비국교도들은 찰스 2세의 신교 자유령(declarations of indulgence)을 통해서만 용인되었다―이는 순전히 자의적인 왕권의 행사였다. 1675년에 이르러 반(反)관용주의자들이 다시 살아나 심사법의 범위를 확대해서 모든 공직자들에게 '교회나 국가의 통치 체제에 대한 변경을 시도하지' 않을 것을 의무화하는 선서를 강요했다. 이 시점에 로크는 추방되었으며, 그는 종교적 다원주의를 지지하기 위해서 새로운 형태의 급진적인 무장 혁명에 전념하게 되었다. 하지만 여기서 로크와 홉스의 방향은 달라졌다. '노신사'는 1675년 87세에 이르렀고 더이상 자신의 신변 안전 문제로 겁먹지 않았다. 그는 첫사랑이었던 번역 작업으로 돌아왔고 1674년에는 『일리아스』와 『오디세이아』의 영어판을 완성했다. 그리고 1674년 홉스는 런던을 떠나 여생을 하드윅의 시골에서 보냈다. 캐번디시 가문의 구전에 따르면 이 시기 홉스는 교회에 나가기 시작했으며 성찬식에도 참여했지만, 설교중에는 언제나 등을 돌렸다고 한다.

하지만 이 시기 홉스는 정치적 논쟁에 마지막 공헌을 했다. 비록 오직 데번셔 집안에서였지만 말이다. 1678년 말에 런던의 권력 균형은 다시 한번 요동쳐 국교도들에게 불리하게 전개되었고 그들의 대변자인 댄비 백작은 탄핵을 당했다. 찰스의 동생이자 왕위 후계자인 요크 공작 제임스를 왕위 계승에서 배제하는 움직임이 시작되었다. 이는 표면적으로 그가 가톨릭교도라고 자인했기 때문이었지만, 실제로는 찰스의 서자인 (왕위 배제 찬성론자들이 찰스의 후계자가 되길 바랐던) 몬머스 공작이 종교적 관용에 있어서 이상적인 군주처럼 보였기 때문이었다. '왕위 배제'를 둘러싼 쟁점은 1685년 찰스가 사망할 때까지 영국 정치를 지배했다. 로크가 유명한『통치론』〔한국어판은『통치론』(까치, 1996). 통치론 가운데 두번째 논문이 번역되어 있다)을 쓴 것도 이 논쟁에 기여하기 위해서였다. 데번셔 백작의 장남인 캐번디시 경은 1675년부터 1679년까지 의회에 참석하며 댄비 백작을 반대하는 정파의 열정적인 일원이었고, 배제 법안에 대한 온건한 지지자였다. 나중에 그는 저명한 휘그당원 겸 1대 데번셔 공작이 되어 1688년 혁명의 기획을 도왔다. 홉스가 캐번디시 경의 후일 행보를 얼마나 지지했는지 단언하기는 쉽지 않다. 하지만 홉스는 거의 확실히 캐번디시 경이 이용할 수 있게끔 왕위 배제의 원칙에 대한 의견을 개략적으로 밝혔는데, 이는 1679년 초부터 작성된 것이 분명하다. 홉스는 주권자가 지극히 정당하게 자신의 후계자를 후계에서 배제할 수 있다고 결론 내렸다. 하지만 이것이 백성들에 의해서 **강요되어서는** 안 된다고도 했다—캐번디시 경이 찰스 2세가 요크 공작을 후계에서 배제하는 데 동의하길 원했다는 사실을 고려할 때, 홉스의 견해는 당시 그의 입장에 꽤 부합했을 것이다.

이는 홉스가 4대에 걸쳐 헌신한 가문에 마지막으로 했던 봉사였다. 그리고 그 가문은 이제 홉스를 고용인이자 귀빈으로 대접했다. 그 가문에서 홉스의 노년 시절 모습은 1708년에 정리된 가족 회고록에서 생생하게 드러난다. 가령, 기록된 바에 따르면, 홉스는 아침을 먹고 나서는 매일 "숙소를 돌아다니며 백작과 백작 부인, 그리고 그들의 아이들과 많은 손님들을 섬기고(말하자면 그들에게 문안을 드리고) 그들 모두에게 짧은 인사말을 전했다. 그는 열두 시까지 이 일과를 이어갔고, 간단한 정찬을 먹었는데 식사 전에는 별도의 종교 의식을 갖지 않았으며 항상 혼자였다". 1679년 10월 그는 병에 걸렸고 12월 3일 하드윅에서 사망했다. 임종시 그가 어떤 마음을 가졌는지에 대한 온갖 소문이 퍼졌는데, 이는 무신론자로 알려진 이들이 죽었을 때 늘 제기되는 관심사였다. 비록 그의 친구들이 홉스의 갑작스러운 마지막 발작 때문이라고는 했지만, 홉스가 사제를 만나지도, 성사(聖事)를 받지도 않았다는 것은 분명하다. 홉스 스스로가 "그는 91년 동안 세계에서 빠져나갈 구멍을 찾으려 했고, 마침내 그것을 찾았다"라고 암담하게 말했다는 분명한 증거도 있다. 하드윅 근처 올트 허크널의 교구 교회에 위치한 그의 묘비에 새겨진 비문은 그가 스스로 쓴 것으로 의기양양하고도 전적으로 세속적이다. 그는 처음에 '이것은 진정한 현자의 돌이다'(이 표현은 창조주나 그리스도와 같은 신학적 은유로도 사용되었다―옮긴이)라는 비문을 심각하게 고려했지만 결국 쓰지 않았다고 전해진다. 성직에 몸담고 있던 한 비평가의 지적에 따르면 이 비문도 "지금 남아 있는 비문에 담긴 만큼의 신앙심"을 담고 있었을 것이다. 실로 홉스는 재치 있고 의심 많은 인문주의자로 살아온 만큼 죽음도 그렇게 맞이했던 것 같다.

제 2 장

홉스의 저작

과학

1장에서 본 바와 같이 홉스가 자신의 철학적 탐구를 1630
년대 후반에 시작했다고 추정할 만한 타당한 근거가 있다. 왜
냐하면 그는 근대 자연과학의 철학적 문제들, 특히 후기 르네
상스 회의주의를 (무엇보다도) 갈릴레이의 아이디어들을 수용
한 철학으로 대체할 가능성에 매료되었기 때문이다. 또한 앞
서 보았듯이 그 결정적인 아이디어는 인간이 인식한 것, 즉 내
부 관찰자에게 즉각적으로 보이는 이미지 등을 외부세계와
그럴듯한 관련이 전혀 없는 것으로 취급하는 것이었다. 인간
은 사실상 스스로의 마음이라는 감방에 갇힌 죄수이며, 감방
너머의 실재에 대해서는 전혀 알지 못한다. 데카르트, 가상디
와 마찬가지로 홉스는 1637년에 이르러서 이 사실을 믿게 됐

고, 그 이후 데카르트의 초(超)회의주의에 자극받아 감방 너머에 어떤 종류의 것들이 존재하는지에 대한 새로운 이론을 고안해냈다. 이 새로운 이론이 1655년의 『물체론』과 1658년의 『인간론』을 출간하기까지 홉스를 사로잡았던 형이상학과 물리학의 기초였다.

새로운 이론의 근본적인 입장들은 이 기간 동안 전혀 바뀌지 않았으며, 『법의 기초』나 『철학의 기초』의 첫 원고에서부터 『토머스 화이트에 대한 비판』과 『리바이어던』을 거쳐 『철학의 기초』의 최종 출판물에 이르는 홉스의 저작에서 (종종 사실상 같은 표현을 사용한 것이) 발견된다. 착시 현상이 만연해 있다는 점과 색과 같이 우리가 본다고 여긴 것이 외부 사물의 **진정한** 속성인지 믿기 어렵다는 사실을 규명하면서 홉스는 (그의 일반 철학에 대해 가장 이해하기 좋은 저작으로 알려진 『법의 기초』에서) 다음과 같이 단언했다.

우리의 감각이 우리로 하여금 세계에 존재한다고 생각하게 만드는 사건이나 속성이 무엇이든 그것들은 거기에 없고 그곳에는 단지 겉모습과 환영만 있을 뿐이다. 우리와 무관하게 세계에 존재하는 것은 이러한 겉모습이 만들어내는 일련의 운동이다. 그리고 이것이야말로 감각이 우리를 속이는 것이자, 감각에 의해 교정되어야만 하는 것이다. 감각이 우리에게 알려주는 바와 같이 우리가 직접적으로 색을 본다면 색은 사물에 내재하는 것처럼 보이지만, 또한 우리가 색을 반사된 것으로 볼 때 색은 사물에 내재하지 않는 것처럼 보일 것이다. (1부 2장 10절)

다르게 말해 감각들은 우리에게 진짜라고 보이는 것들이 실재하지 않는다는 단서를 제공해준다. 우리는 단지 반영된 이미지로서 그러한 것들의 함의를 성찰하기만 하면 되는데, 이러한 성찰의 목적은 무언가가 보인다고 해서 보이는 것처럼 그 사물이 그 장소에 **실제로** 존재한다거나 그러한 속성을 가졌다고 가정할 수 있는 어떠한 근거도 제공해주지 않는다는 사실을 인식하기 위해서이다.

하지만 이 구절에서 중요한 것은 둘째 문장인데, 그것은 (데카르트의 의심에 반박하면서) 우리 외부에 실제로 무언가가 존재하고 있고 그것은 '운동'들로 구성된다는 홉스의 확신을 표현하는 대목이다. 『법의 기초』와 윤리 및 정치를 다룬 다른 저작들은 단지 이러한 사실을 추정할 뿐이었지만, 『철학의 기초』 1부에서 홉스는 사실상 데카르트적 회의론에 해당하는 것을 반박하는 주장을 펼쳤다. 비록 이 1부의 원고는 사라졌지만 다양한 초기 판본에 대한 노트들이 남아있는데, 1641년에 쓴 데카르트의 『성찰』에 대한 홉스의 반박문과 1643년의 『토머스 화이트에 대한 비판』에서는 분명한 형태의 주장으로 개진되었다. 마찬가지로 『철학의 기초』 2부의 초기 판본에서도 이러한 주장이 언급되었다. 그의 논리는 가장 오래된 노트의 구절 속에서 보이는 것처럼 완전히 데카르트적인 방식이라고 할 수 있는 상상에 의해서 시작되었다.

단 한 사람을 제외하고 우주가 소멸했다. 그 사람에게는 그가 직접 보았거나 다른 감각에 의해서 인식한 모든 사물들의 관념과 이미지가 남아 있을 것이다. (…) 그것들 모두는 실로 단지 내면에서 발생해 상상하는 자신에게 일어나는 관념과 환영일 따름이지만, 그럼에도 불구하고 마치 외부에서 나타난 것처럼 보여 정신의 힘과 능력에 의존하지 않는 것처럼 보일 것이다.

전적으로 텅 빈 우주에서 부유하는 정신이라는 이미지를 활용하는 기법은 홉스가 1655년에 『철학의 기초』 1부를 마침내 『물체론』으로 출간한 때에도 마찬가지로 사용한 방식이었다.

홉스가 스스로에게 던진 질문은 데카르트가 자신의 유리된 정신에 던진 질문과 같은 것이었다. 그와 같은 인간은 무엇을 생각할 수 있는가? 또한 그는 자신이 놓여 있는 우주와 그 우주의 역사(홉스가 사실로 믿었던 것처럼, 홀로 남은 인간의 생각도 우주의 모든 것들이 소멸되기 이전 그 우주에서 일어난 물리적 과정의 산물이어야만 한다는 사실을 포함해서)에 대해 어떻게 **알게** 되는가?

　요컨대 홉스의 대답은 다음과 같았다. 첫째, 그와 같은 인간은 완벽한 언어를 가질 수 있는데, 그는 이 언어를 가지고 그의 입장에서 존재한다고 여겨지는 모든 것들을 말할 수 있다. 마치 우리의 언어가 외부에 존재한다고 생각하는 것을 지시하는 것과 같은 방식으로 말이다. 우리가 생각하고 추론할 수 있는 모든 것이 그에게도 역시 가능하다고 할 수 있는데, 우리가 사고하는 대상의 실제 존재 여부는 여기서 논외의 문제이기 때문이다. 언어는 실재와의 관계가 난해하고 논쟁적인 단순한 형식 체계이지만, 추론에 사용할 수 있는 유일한 도구이기도 하다. 홉스는 추론의 의미를 설명하면서 지속적으로 계산의 비유를 들었다. 효과적인 계산이 현실과 명확한 관계를 갖지 않을 수 있는 형식 체계(자연수)의 규칙을 이해하는 데 달린 것처럼, 효과적인 추론은 그 의미가 지시하는 것에 대한 명확한 믿음을 갖지 않고서도 언어 체계에 속한 단어들의 의미를 이해하는 데 달려 있다. 홉스가 『리바이어던』의 유명한 구절에서 이야기한 것처럼 "단어들은 현명한 사람의 계산기로서, 그들은 오직 단어들로써 계산할 뿐이다. 동시에 단어들은 어리석은 자들의 화폐이기도 하다".(『리바이어던』1(나남, 2013), 4장 58쪽. 이하 『리바이어던』인용은 이 한국어판을 따른다.)

왜냐하면 어리석은 자들은 단어들에 실제적인 가치가 있다고 믿기 때문이다.

홉스는 이제까지 생산된 추론 체계 가운데 완전하게 만족스러운 유일한 사례인 유클리드 기하학도 마찬가지라고 믿었다. 유클리드와 그의 계승자들이 채택한 설명 방법은 '선'이나 '점' 같은 단어들의 의미를 정밀하게 정의하고 이러한 정의들로부터 엄격하게 (추정된) 결론들을 이끌어내는 것이었다. 이 체계는 홉스가 믿기에 이상적인 언어가 그런 것처럼 자족적이고 관습적이었다. 또한 언어와 마찬가지로 현실과의 관계를 평가하기 위해서는 추가적인 이론이 필요했다. 기하학에 대해 말하면서 홉스는 유클리드의 개념들이 실제로 운동하는 물체의 행동 양식에 부합하고, 그 운동의 **방향**은 (유클리드가 사용한 잘 알려진 선에 대한 정의로 난해한 것으로도 유명했던) 너비 없는 선과 유사하다고 주장했다. 홉스는 이러한 접근이 고대에 기하학에까지 미쳤던 회의주의적 반박과 대결했다고 여겼다. 그는 또한 이러한 접근이 유명한 '불가능한' 문제들, 예컨대 어떤 원과 동일한 면적의 정사각형을 만드는 것 같은 문제들을 해결할 수 있다고 보았다. 홉스가 보기에 이와 같은 이른바 불가능한 문제들은 회의론자들의 주장을 뒷받침하기에 충분했다. 그는 이러한 난제들을 해결하려는 무익한 시도를 하며 많은 세월을 낭비했는데, 훌륭한 수학자였지만 별 볼 일

없는 철학자였던 월리스와 같은 이들은 홉스의 '정리(定理)들'을 무시했다.

이와 같이 우주에 홀로 남겨진 홉스의 유아론적 존재는 말하고 생각할 수 있을 뿐만 아니라 심지어 이용 가능한 온전한 기하학적 지식도 가질 수 있다. 하지만 홉스의 유아론적 존재가 생각하는 바는 데카르트의 회의론자가 한 사색과는 달랐다. 무엇보다도 홉스는 (데카르트의 『성찰』에 대한 반박에서 충분히 인정했듯이) **나는 생각한다, 고로 존재한다**라는 명제의 타당성을 받아들였지만, 이를 통해서 그의 유아론적 존재가 데카르트의 정신과 같은 개념을 생각해낼 거라고 결론 내리지 않았다. 데카르트의 정신 개념에 따르면 정신은 그 자신의 지각들로부터 분리되어 마치 관찰자—그 유명한 데카르트의 에고(Ego)—가 외부의 사건을 관찰하듯이 그 지각들을 관찰할 수 있다. 대신에 홉스는 유아론적 존재가 스스로를 일련의 지각들**로서** 생각할 거라고 주장했는데, 왜냐하면 그 존재는 (말하자면) 어떤 대상이 생각이라는 활동을 하는 것을 지각할 수 없기 때문이다.

비록 어떤 사람은 그가 생각하고 있었다고 여길 수 있겠지만 (그 생각은 단순히 기억의 행위이기 때문에), 그 자신은 자신이 생각하고 있다고 생각하거나 알고 있다고 아는 것은 불가능하다.

그렇게 되면 무한한 질문들이 생겨나기 때문이다. 당신은, 당신이 알고 있다는 것을 당신이 안다는 그 사실을 어떻게 알 수 있나……? (반박 2)

이런 의미에서 자아는 상상에 의존하는 것으로, 생각하는 **행위를 하는** 사람 없이는 생각함을 인식할 수 없는 우리의 무능력으로부터 비롯된 단순한 구성물이다.

둘째, 유아론적 존재의 정신에 스쳐지나가는 지각들은 그에게 공간과 시간에 대한 관념을 제공해준다. 하지만 유아론적 존재는 공간과 시간 **또한** 가상적인 것이라는 점을 알 수 있게 된다고 홉스는 주장한다. 공간과 시간이 가상적이라는 주장은 놀라울 수 있다. 하지만 홉스의 논점은 어떤 사람들도 공간과 시간을 직접적으로 경험하지 못한다는 것이다. 시공간은 우리가 직접 경험한 것으로부터 도출한 구성물이거나 연역해낸 결과물이다. 공간은 어떤 물체가 점유하는 어떤 것을 제외하고는 실제로 파악될 수 없다(심지어 우리는 인터스텔라 공간의 텅 빈 상태도 어떤 것들로 가득차 있는 것으로 실제로 여긴다고 홉스는 말했을지 모른다—어둡고 투명한 매개와 같은 것들로 가득차 있어서 행성과 우주선이 이동할 수 있고 경계가 없는 어떤 것으로 형상화할 수는 없는). 마찬가지로 시간은 '운동들이 빚어내는 환영'이다. 우리는 움직이는 사물들을 직접 경험할 수 있지만, 사물들이 공간 '안에서' 움직이는 것을 경험할 수 없는 것 이상으로 사물들이 시간 '안에서' 움직이는 것은 경험할 수 없다.

여기에까지 이르면 홉스의 유아론적 존재는 데카르트의 회의론자보다 더 나을 만한 게 없다. 그는 여전히 외부세계에서 실제로 무엇이 발견될지에 대해 어떠한 결론도 내릴 수 없기 때문이다. 그는 사물들이 공간에 있거나 시간에 있는 것은 알 수 있지만, 그가 인식하는 모든 것들이 가상인지 아닌지는 알 수 없다. 어떤 면에서 그의 입장은 보다 못하기도 한데, 그 자신의 자아조차도 상상에 기초한 것으로 생각하기 때문이다. 이것은 불안정하고 불안감을 주는 형이상학적 심상으로서 홉스가 그린 극도로 개인주의적인 정치 세계에 꼭 들어맞는다. 하지만 이 지점에서 홉스는 자신의 딜레마와 관련된 새로운 논리를 제시했다. 유아론적 존재가 아는 것 한 가지는 자신의 생각들이 **변화**를 드러낸다는 사실이다. 그는 변하지 않는 풍경에 대해 정신적으로 조망하는 것이 아니라, 우리가 일상의 매 순간에 접하는 것과 마찬가지로 연속적인 이미지, 소리 등을 보게 된다. 또한 유아론적 존재가 이러한 일이 어떻게 일어났는지 묻는 것은 지극히 당연하다. 즉, 무엇이 그로 하여금 그 앞에서 **변하거나 움직이는** 이미지들을 갖게 만드는가? 데카르트의 회의론자는 이러한 질문을 할 수 없었다. 데카르트는 회의론자를 정신의 시야에 있는 단 하나의 이미지를 사색하는 사람으로 묘사했지, 홉스가 상정한 것처럼 움직이는 심상을 사색하는 사람으로 보지 않았다.

홉스는 여러 형이상학적 명제들을 이용해서 유아론적 존재의 질문에 답했는데, 이 명제들은 자신의 물리학과 심리학 이론 모두에서 절대적으로 중요한 역할을 했다. 가장 우선적이고 중요한 것은 **아무것도 스스로 움직일 수 없다**라는 명제이다. 홉스는 철학사에서 잘 알려진 '충족 이유의 원리(principle of sufficient reason)'에 근거해 이 명제를 주장했다. 이것은 새로운 변화를 설명하기 위해서는 어떤 새로운 특징이 있어야 한다는 원리이다. 따라서 어떠한 변화를 보이지 않는 물체는 이러한 조건 하에서는 움직이기 시작할 수 없다. 홉스는 자기 구동은 그야말로 말도 안 된다고 줄곧 주장했다.

둘째는 공간에 있는 물체를 제외하고는 아무것도 움직일 수 없다는 명제이다. 또한 셋째는 오직 물체만이 다른 물체를 움직일 수 있다는 명제인데, 이에 따르면 '무형의 물질들'이 수반된 운동에 대해서는 설명할 수 없다. 홉스는 이러한 명제들이 필연적으로 진리이며 거짓이라고는 상상할 수 없다고 했다. 그 이유는, 우선 운동은 공간적 위치의 변화를 의미하고 오직 물체들만이 공간을 점유할 수 있기 때문이다. 또한 (『토머스 화이트에 대한 비판』의 표현으로) "움직이지 않는 물체를 운동하게 만드는 실효적 원인은 유일하게 하나인데, 바로 인접한 물체의 운동이다. 운동의 개시는 장소를 떠나는 것이기 때문에 어떤 물체가 그 장소를 떠나는 유일한 이유는 인접한 다른 물체가 전진하면서 앞의 것을 대체했기 때문이라는 것을 우리는 알 수 있다". 이것이 바로 홉스 철학의 골자(骨子)이다.

따라서 유아론적 존재에 대한 홉스의 대답은 다음과 같다. 외부에서 그로 하여금 그가 접한 지각들을 갖게 만드는 물질적인 대상이 반드시 존재하거나 존재했어야만 한다는 것이었다. 그는 스스로 그러한 지각들을 만들어낼 수 없는데, 그 이유는 아무것도 자신의 변화를 야기할 수 없고 유아론적 존재는 일련의 감각들 이외에 다른 '자아'를 가지고 있지 않기 때문이다. 그리고 외부에 존재하는 것은 반드시 **물질적**이어야 하는데, 물질적이지 않은 다른 어떤 것도 무언가에 변화를 만들어낼 수 없기 때문이다.

하지만 이 정도가 홉스가 유아론적 존재에게 답하면서 도달했거나 도달하려고 했던 것이었다. 나머지 모두, 즉 외부세계나 외부세계와 우리가 맺고 있는 관계의 실질적 특징들은, 확정적이지 않거나 가설적인 것으로 남게 됐다. 비록 몇몇 가정들은 다른 것들보다 더 낫지만 말이다. 나는 그러한 가정들 가운데 두 가지 사례를 고려하려 하는데, 각각 홉스의 이론에서 특별한 중요성을 지닌다. 그 첫째는 **추론**에 대해 홉스의 생각을 많이 보여주는 것으로서 꿈에 대한 데카르트의 난제와 관련이 있다. 데카르트의 회의론자는 우리가 (외견상) 깨어 있을 때 경험한 모든 것들이 단지 꿈에 지나지 않을 수 있다는 의심에 시달린 반면, 홉스의 유아론적 존재는 같은 문제로 두려움에 시달리지 않았다. 홉스는『법의 기초』에서 다음과 같이 말했다.

한 사람이 지나간 꿈을 실제로 일어난 일로 생각할 정도로 기만을 당하는 것은 불가능하지 않다. 왜냐하면 그가 보통 때 그의 정신에서 일어나는 것 같은 것들을 꿈꾸거나, 깨어 있을 때처럼 익숙한 방식으로 꿈을 꾼다면, 게다가 그가 꿈에서 깼을 때 자신을 발견하게 되는 장소에서 잠이 든 것이라면(모두 일어날 법한 일인데), 그가 이것을 꿈인지 아닌지 구별할 수 있는 어떤 **기준**이나 표지에 대해 나는 알지 못한다.(1부 3장 10절)

하지만 홉스의 관점에서 이것은 전혀 문제가 되지 않았다. 우리가 잠자고 있을 때 우리의 생각은 우리가 깨어 있을 때의 생각과 정확히 동일한 방식, 즉 외부 물체의 충격에 의해서나 그러한 충격에 의해 우리 뇌에서 일어나는 공명 때문에 **발생한** 다. 또한 우리는 잠들어서 꿈을 꿀 수도 있고, 외부세계가 더이상 존재하지 않을 수도 있다.

하지만 우리가 꿈을 꾸었고 이제는 깨어 있다는 가설을 일

반적으로 제시해주는 보다 낮은 차원의 이해 방식도 존재한
다. 홉스가 인간 심리에 대한 자신의 논의에서 중요시하기도
했던 주요한 가정에 따르면, **정연한** 생각들과 **무질서한** 생각들
사이에 명백한 차이가 존재한다. 후자의 사례로서 홉스는 (정
신적으로 이상이 있는 상태에 대한 대단한 통찰을 가지고) 단어들
의 조합이나 말장난, 사물들의 연상을 통해서 이 생각에서 저
생각으로 널뛰는 어떤 사람을 묘사했다. 그가 보기에 꿈들은
주로 비슷한 무질서를 보여준다. 반면에 깨어 있고 의식이 있
으며 합리적인 생각은 목적의식이 분명한 관념들의 연속으로
특별히 이와 구별된다. 생각하는 사람은 무작위적인 연관의
단순한 피해자가 되기보다는 자신이 원하거나 관심이 있는
것을 얻기 위해 일련의 이미지들을 생각한다. 만약 우리가 현
재 그와 같은 순서로 생각하고 있다면, 우리는 (우리가 잠들어
있다는 논리적 가능성을 열어두면서도) 우리가 '깨어 있다'라고
말할 수 있다. 홉스가 묘사한 합리적이고 정연한 생각은 올바
르게 조직된 컴퓨터 프로그램이라는 현대적 관념과 실로 유
사해 보인다. 우리는 그 프로그램이 잘 기능해서 기계가 효율
적으로 작동하는 경우와 그러지 못해 오작동하는 경우를 구
별할 수 있다. 하지만 어느 경우에도 컴퓨터가 기계인 것은 변
함이 없고 두 경우의 차이는 순수하게 형식적인 것이다.

　실제로 홉스는 이러한 구별이 합리적으로 사고하는 사람이

자신이 원하는 바대로 생각을 정돈할 수 있을 만큼 형이상학적으로 '자유롭다'는 사실을 드러내는 것은 아니라고 줄곧 강조했다. 자유의지와 결정론에 대한 홉스의 관념은 그의 견해 가운데 동시대 사람들에게 가장 난해하고 논쟁적인 것 중 하나였고(브램홀 주교와의 긴 논쟁을 보라), 이 관념들은 상당한 논쟁을 지속적으로 불러일으켰다. 분명히 홉스는 사고 활동으로부터 독립적인 자아가 없다거나 스스로 움직이는 것은 없다는 명제들에 기여하면서 자유의지에 대한 정통적인 관념을 일축했다. 이에 따르면 정통적인 방식으로는 그 어떤 것도 자유로운 존재일 수 없었고, 행위자들의 지각과 행동을 변화시킬 수 있는 것도 없었다. 홉스에게 '자유'는 여전히 의미 있는 단어였지만, 이는 누군가가 원하는 것을 확보하는 데 전적으로 방해가 없는 조건을 의미할 뿐이었다. 의지 그 자체, 무언가를 원하는 행위 자체는 자유로울 수 없었다. '자유로운 자아'라는 관념은 자아 개념만큼이나 상상에 의존하는 것이었다. "목재로 된 뚜껑은 아이들이 후려쳐서 종종 이 벽에, 때로는 저 벽에 부딪히고 종종 돌기도 하고 가끔 어른들의 정강이를 치기도 하면서, 만약 스스로의 움직임을 느낀다면 이 움직임이 자신의 의지로부터 비롯되었다고 생각할 수 있다. 자신을 후려친 것이 무엇인지 느끼지 못한다면 말이다."(「자유와 필연, 그리고 우연에 대한 문제들」) 이러한 형이상학적 논리는, 나중에 보게 되겠지만, 정치적 저작들에서 홉스가 감행한바, 시민적 자유에 대한 인문주의자들의 전통적인 관념을 공격할 수 있는 추가적인 재원을 제공했다 — 왜냐하면 아무도 진정으로 자유롭지 않다면, 특정한 헌정 체제에서만 자유롭다고 선언하는 것은 아무런 소용이 없기 때문이다.

물리적 세계에 대한 홉스의 가정들 중에서 내가 고려하고자 하는 둘째 사례는 **빛**의 본질에 대한 그의 관념이다. 홉스는 항상 빛에 대한 자신의 이론을 자랑스럽게 여겼는데, 이 이론과 정치 이론을 근대 사상에 대한 자신의 주된 공헌으로 삼았다. 우리가 본 바와 같이 광학(빛의 투과와 시각에 대한 분석)은 그가 지속적으로 되돌아갔던 주제였다. 빛에 대한 데카르트의 이론은 다시 한번 표적이 되었다. 데카르트는 우주가 어떤 광원들이 압력을 가하는 일련의 물질들로 가득차 있다고 믿었다. 안구는 이 압력을 느끼고, 이 압력을 광원으로부터 가시화된 방출로 아주 섬세하게 해석할 수 있다. 따라서 빛의 투과는 막대기의 한쪽 끝에서 다른 한쪽 끝으로 운동이 전달되는 것과 유사해지고, 시각은 원리상 맹인이 막대기를 가지고 길을 더듬는 활동과 비슷해진다. 홉스는 이러한 이론이 좋은 과학적 이론을 위한 자신의 형이상학적 기준에 부합한다는 사실을 부정하지 않았다. 이 이론은 결국 물질적인 대상으로부터 산출되는 순수하게 기계적인 효과와 관련되기 때문이다.

하지만 홉스는 다시 한번 다양한 종류의 보다 낮은 차원의 이해 방식을 통해 (최소한 1645년 이전 그의 저작들에서) 다른 종류의 가설을 제안했는데, 이는 이후 과학자들이 다수설로 삼은 견해였다.

홉스가 제시한 다른 종류의 가설은, 태양과 같은 광원은 인간의 심장(혹은 펌프) 같아서 교대로 확장하거나 수축하면서 관찰자에게 물질의 파동들을 보낸다는 것이었다. 이러한 이미지를 위해서 홉스는 윌리엄 하비의 연구에 전적으로 의존했는데, 하비의 혈액순환에 대한 발견은 1628년에 한 책에서 표명되었다. 홉스는 자신의 형이상학과 잘 부합하는, 지속적으로 운동하는 인간 신체에 대한 관점을 가지고 있었던 하비에게 큰 감명을 받았다. 하지만 혈액순환과의 유비는 불완전했는데, 빛은 폐쇄적이고 순환하는 체계를 형성하지 않았기 때문이다. 따라서 홉스는 광원이 어떻게 팽창할 수 있는지에 관한 문제로 항상 골머리를 앓았다. 이를 설명하기 위해서 홉스는 그의 초기 저작들에서 (데카르트를 반박하며) 진공은 틀림없이 가능하고 팽창하는 물체는 그 간극에서 비롯되는 작은 진공들로 인해서 밀도가 낮아질 것이라고 주장했다. 하지만 그는 진공은 불가능하다는 실험적인 증거들과 데카르트의 주장들이 지닌 위력에 점차 설득되었다. 그 결과 홉스는 빛에 대한 초기 이론들을 폐기하고『물체론』에서는 (발광체는 빛이라는 감각을 만들어내기 위해 공간에서 자신의 위치를 실제로 변경해야 한다는) 좀더 설득력이 떨어지는 주장으로 기존의 주장을 대체했다. 홉스의 초기 저작에 대해서는 단지 어렴풋한 지식만을 가지고 있었던 18세기와 19세기 과학자들은 빛이 파동과 같은 운동으로 방출된다는 가설을 재고안하기 위해 애써야만 했다. 이런 면에서 좋은 과학적 설명에 대해 홉스가 가지고 있었던 본능은 후대의 많은 실천적인 과학자들에 의해 공유되었다고 할 수 있다.

하지만 이러한 사실에 홉스가 감명을 받았을 리는 없다. 현대 과학의 관행들과 유사한 것이 그의 시대에도 출현했는데, 특히 로버트 보일과 왕립학회(Royal Society)의 초기 회원들이 확립한 형태였다. 하지만 홉스는 이러한 형태에 대해 조롱밖에 하지 않았다(1661년에 라틴어로 쓴 그의 『공기의 본성에 대한 물리학적 대화』에서 이 점이 신랄하게 표현되었는데, 이 책은 월리스 및 그 지지자들과 홉스가 벌인 긴 논쟁에 기여했고 특히 보일에게 전달되었다). 이렇게 홉스가 멸시하는 태도를 보인 이유는 크게 두 가지였다. 첫째, (나중에 간략하게 살펴보겠지만) 정치적 이유로 홉스는 동료 시민들로부터 독립적인 지위를 획득해 나가고 있었던 어떤 부류의 지식인 특권 집단도 신뢰하지 않았다―또한 그는 선견지명을 가지고 근대 과학자들이 새로운 성직자 집단을 형성할 거라고 보았다.

둘째, 홉스는 과학 이론의 진위를 밝히기 위해 실험적 증거에 지나치게 의존하는 것을 신뢰하지 않았다. 그가 『법의 기초』(1부 4장 10절)에서 말한 것처럼 "실험은 그 어떤 것에 대해서도 보편적인 결론에 이를 수 없다". 모든 실험은 인간들이 그들의 세계를 어떻게 인식하는지에 대한 정보를 생산할 뿐 그 이상은 아니다. 결론적으로 과학자는 실험 결과를 해석하는 데 있어서 극도로 신중해야 하고, 그 결과를 지각에 대한 스스로의 이론적 맥락에서 지속적으로 검토해야 한다. 그리고 종국에 실험 결과는 일반 형이상학 이론의 맥락에 놓여야 한다. 이러한 뒷받침 이론들이 옳지 않다면 과학자에게 실험은 쓸모없는 것이 된다. 홉스는 잘못된 추론의 사례로 로버트 보일이 자랑스럽게 제시한 주장을 거론했다. 보일은 자신이 큰 유리 상자에서 펌프로 모든 공기를 제거해 인공적인 진공을 만드는 데 성공했고, 이 진공 상태에서 다양한 실험이 가능하다고 주장했다. 하지만 홉스가 보기에 보일이 주장해야만 했던 것은 단지 펌프가 배출할 수 있는 모든 것을 유리 상자에서 제거했다는 사실이었다―그리고 펌프로 제거되지 **않는** 것이 무엇인지 여전히 해명되지 않았기 때문에 보일이 진짜 진공을 만들어냈는지도 해결되지 않은 문제로 남아 있었다. 이런 종류의 실험 기구에 대한 홉스의 멸시는 이 논쟁과 관련된 1662년의 또다른 저작에서 명쾌하게 표현되었다. "바다 너머에서 새로운 엔진이나 멋진 도구를 가지고 오는 모든 사람이 철학자가 되는 것은 아니다. 만약 당신이 그렇게 생각한다면 약제사나 정원사뿐만 아니라 다른 많은 노동자들이 철학자로서의 자격을 요구하고 얻을 수 있기 때문이다."(「토머스 홉스의 명성 및 충성, 예의, 그리고 종교에 대한 고찰」)

홉스가 대부분의 근대 과학자들의 실제 관행을 멸시했음에도 불구하고 많은 면에서 홉스의 철학은 홉스와 경쟁한 17세기의 어떤 철학들보다도 근대 과학이 의존했던 가정들과 밀접한 관련성을 가지고 있었다. 홉스의 철학은 세계의 실제 모습을 우리가 경험한 방식과는 본질적으로 다른 방식으로 생각할 필요가 있다고 강조했던 데카르트의 철학과 그 성격을 공유했으며, 이러한 강조는 특정 시기에 발전한 물리학의 가장 큰 성취가 지닌 주요한 특징이기도 했다―지구에서의 경험만으로는 지구가 공전하는지 여부를 판단할 수 없다고 지적한 갈릴레이로 시작해, 실제 우주를 구성하고 있는 물체에 대해 현대 이론물리학이 제공하는 완전히 상상 불가능한 가정들로 끝나는. 하지만 홉스는 데카르트와 달리 정교한 신학적 가정들을 도입하지 않고서도 우리의 정신 외부에 있는 물리적 세계를 이해 가능하게 만들 수 있었다. 그리고 이는 많은 근대 과학자들의 정신이 지향하는 세속적 태도에 부합하는 것이었다. 하지만 사람들은 홉스를 (비록 그는 바랐지만) 근대 과학의 주요한 이론가로 여기지 않았는데, 이는 근대 과학과 세속화가 모종의 역사적 관련성을 지니고 있다는 생각이 신빙성이 없음을 보여준다. 실제로 17세기와 18세기의 과학자들은 자신들에게 주어진 유일한 세속적인 과학철학을 거부했으며, 오히려 뉴턴이 즐겼던 신학적인 사색을 선호했다. 이런 점에서 과학에 대한 홉스의 이론은 이후 200년 동안 다시 열리지 않았던 지적인 가능성을 탐색한 대표적인 사례라고 할 수 있다.

윤리

홉스의 과학철학이 세계에 대한 우리의 관찰이 환영에 의해서 극단적으로 오염된다는 전통적인 회의론을 정당화하고 설명하기 위해 고안된 것처럼, 그의 윤리철학은 전통적인 회의론의 도덕적 상대주의를 승인하는 것이 목적이었다. 여기서 우리는 다음과 같은 사실을 강조할 필요가 있다. 즉, 정치에 관한 홉스의 저작들은 **윤리적** 문제들을 설명하기 위한 것이었고, 홉스는 (적어도 표면적으로는) 현대 정치학자처럼 '가치 중립적' 방법으로 정치적 행동들을 설명하는 데 관심이 없었다. 『법의 기초』와 『시민론』의 헌사에서도 틀림없이 이 점을 분명히 했는데, 특히 후자에서 홉스는 다음과 같이 언급했다.

"도형을 다루는 것은 **기하**이고 운동을 다루는 것은 **물리**이며, 자연권을 다루는 것은 **도덕**이다. 이 모든 것을 아울러 **철학**이라고 할 수 있다." 그의 철학 가운데 셋째 부분에서 홉스가 관심을 가졌던 주요 문제는 (어딘가에 있다면 둘째 부분에 속하는) 인간 행위에 대한 설명이 아니라, 인간들이 삶을 영위하는 데 필요한 공통의 윤리적 근거가 존재하는지 여부를 다루는 '자연권'의 문제였다.

우리가 앞서 1장에서 본 것처럼, 홉스의 유년기에 유행했고 몽테뉴나 립시우스 같은 인물에 의해서 대표되었던 특별한 종류의 인문주의는 인간들의 신념과 관습의 순전한 다양성만 강조했지, 공통의 도덕적 분모를 찾을 수 있다는 가능성에 대해서는 자포자기해버렸다. 이들 인문주의자가 결국 믿게 된 것은, 인간 존재에 대해서 말할 수 있는 것은 위험천만한 세상, 그것도 경쟁하는 이념들로 인해 두 배로 위험해진 세상에서 인간들이 자신의 안전에 주된 관심을 가지고 있다는 사실이었다. 하지만 자기보존에 대한 이러한 충동은 그 자체로는 도덕적인 문제가 아니었다. 우리가 1장에서 본 것처럼, 후고 그로티우스는 (대부분의 좋은 사상들처럼) 결과적으로 이러한 주장을 명백히 뒤집는 것을 제시했는데, 자기보존은 도덕적 원리라는 것이었다. 다르게 말해, 자기보존은 모든 도덕들과 사회적 행동 규범들의 기반이 되는 근본적인 '자연권'이

다. 하지만 이것은 스스로의 보존이 위태로울 때를 제외하고
는 타인에게 해를 끼치는 것을 금지하는 근본적인 의무와 '자
연법'에 의해 균형을 이루게 된다.

그로티우스는 어떤 사회가 생존하기 위해서는 허용 가능한
폭력의 균형값이 존재해야 한다고 생각했다. 만약 폭력이 거
의 허용되지 않아서 사람들이 타당한 이유 없이 공격을 받았
을 때 자신을 지키지 못하게 된다면, 소수의 공격적인 개인들
이 나머지를 말살할 것이다. 만약 폭력이 **대부분** 허용되어서
사람들이 그들 스스로 생각하기에 적절한 이유만 있을 경우
사회의 다른 구성원을 공격할 수 있다면, 사회적 삶의 가능성
은 파괴될 것이다. 한 사회의 법과 관습이 무엇이든 간에 (그
로티우스는 초기의 상대주의자들과 마찬가지로 사회들 간에 엄청난
도덕적 차이가 존재한다는 사실을 잘 알고 있었는데) 그것들은 부
분적으로 폭력의 균형값을 보호하기 위해 고안되었다. 이 공
통의 핵심적인 사항을 넘어서는 경우 사회들은 법에 있어서
엄청나게 서로 다를 수 있으며, 특정한 사회에서 법으로 수용
된 것은 무엇이든 그 사회 밖에서 온 누군가의 비판으로부터
면제될 것이다.

이것이 홉스가 그의 『철학의 기초』의 윤리학 부분을 저술
하기 시작했을 때 주어진 가장 최신의 매력적인 도덕 이론
이었고, 홉스의 저작들에서 그로티우스의 반향을 지속적으

로 발견하는 것은 놀라운 일이 아니다. 물론 홉스는 그로티우스의 **이름**을 실제로 거론하지 않았다. 하지만 이것은 그가 과거와 동시대의 거의 모든 철학자들의 특성을 공유한 것이었다—홉스는 자신의 고유한 생각들을 익숙한 지적 맥락 어디에도 위치시키려 하지 않았다. 홉스의 우선적인 과제는 상대주의가 옳다는 점과 이것을 자신의 과학철학으로 설명할 수 있다는 점을 보이는 것이었다. 그리고 나서 홉스는 그로티우스의 이론 같은 것들도 자신의 근본적인 원리들로부터 도출될 수 있다는 것을 보여야만 했다. 홉스는 이 근본적인 원리들에 새로운 종류의 회의론을 더했는데, 이것은 데카르트가 회의주의를 반박하면서 도입한 과장된 의심과 흡사했다. 이 새로운 의심에 대한 홉스의 해답은 그의 정치적 결론을 그로티우스의 결론과 상당히 다르게 만들었다.

상대주의적 견해는 홉스의 『법의 기초』에서 다음과 같이 신랄하게 표현되었다.

모든 사람들은 자신의 입장에서 자신을 만족시켜주고 즐거움을 주는 것을 선하다고 하고 자신에게 불만족을 주는 것을 악하다고 한다. 모든 사람들이 그 체질에서 서로 다른 만큼 그들은 선과 악을 구별하는 공통의 준거에서도 서로 다르다. ἀγαθὸν ἁπλῶς(agathon haplos), 이 말인즉 단순히 선한 것은 아무것도 없다는 뜻이다. 전능한 신에게 귀속되는 좋음도 결국 우리에게 좋은 것일 뿐이다. 우리를 만족시키거나 우리에게 불만족을 주는 것을 각각 선과 악으로 부르는 것처럼, 우리는 좋음과 나쁨도 그것이 행해질 때 그 효력의 성질을 기준으로 그렇게 부른다.(1부 7장 3절)

다르게 말해서 홉스는 색과 관련된 용어를 다룰 때와 정확히 동일한 방식으로 **도덕적** 용어를 다뤘다. 비록 공통의 언어와 감각이 우리로 하여금 어떤 것이 실제로 또한 객관적으로 빨갛게 여겨지는 것과 동일한 방식으로 어떤 것이 실제로 또한 객관적으로 선한 것이라는 생각을 품게 만들지만, 사실 이와 같은 관념은 환영이거나 환상으로서 단지 우리의 머릿속에서 만든 속성일 뿐이다. 우리가 살펴보았듯이 색에 대한 감각은 외부세계에서의 영향에 의해 느껴지는 것으로 이해되어야 하는데, 그것은 색 자체가 아니라 우리의 눈에 부딪히는 빛의 파동이다. 마찬가지로 도덕적 승인과 거부는 인간의 감정적 심리를 구성하는 정념과 욕구 체계에 끼치는 외부 영향에 의해 야기되는 느낌으로 이해되어야 한다.

홉스는 이와 같은 체계가 존재한다는 것을 당연하게 생각하면서 그것을 내면에 대한 직접적인 관찰의 문제로 간주했다. 마찬가지로 그는 이 체계가 자신이 과학적 원리를 위해 고안한 형이상학적 일반 원리들을 따라 기능해야 한다는 점도 당연하게 여겼다. 말하자면 이 체계는 **탄도학** 체계로 부를 법한 형태를 띠고 있어야 한다는 것인데, 여기서 운동하는 물체는 다양한 방식으로 상호작용한다. 하지만 그가 제시한 특별한 이론은 마치 그의 광학 이론과 같이 단지 하나의 **이론**이었다. 물론 그는 이 이론이 다른 모든 가설들보다 우월하다고 주장했지만 말이다.

이러한 이론을 고안하기 위해서 홉스는 다시 한번 하비가 발견한 혈액순환을 이용했는데, 이것을 '동물적이고' '생명과 관련된' 혼들(spirits)을 수반하는 복잡한 체계의 일부라고 주장했다. 홉스의 이러한 주장을 이해하기 위해서 우리가 기억해야 할 것은 오늘날의 초등학생조차도 스튜어트 왕조의 영국에서 가장 수준 높은 교육을 받은 지식인들보다 기초 화학에 대해 이야기할 수 있는 능력이 훨씬 더 뛰어나다는 사실이다. 가령 우리는 물질의 특별한 상태를 묘사하는 완전히 친숙하고 유용한 '가스'라는 용어를 가지고 있는데, 이 단어는 홉스가 살았던 시기에야 비로소 플랑드르 지역의 한 의학 연금술사에 의해서 발명되었고 이후 몇백 년 동안 보편적으로 사용되지 않았다. 우리는 또한 섬유질을 매개로 한 전기적 전달에 대한 관념과 전기와 화학이 유기적으로 연결되어 있다는 사실을 알고 있는데, 홉스의 시대에 이러한 관념들을 가지고 있던 사람은 아무도 없었다. 따라서 우리는 홉스가 '혼'이라는 말을 통해서 특별히 신비한 어떤 것을 언급했다거나, 특히 **형체가 없는** 무언가를 언급했다고 생각해서는 안 되는데, 우리가 본 바와 같이 홉스는 항상 그러한 것은 있을 수 없다고 주장했기 때문이다.

홉스가 언급한 바는 간단히 말해 다음과 같다. 우리의 몸 속에는 감각에 의해 지각된 것들이 뇌로 전달되는 일종의 기계적인 체계가 있고, 거기서 지각들은 뇌와 심장을 연결하는 '혼'에 진동을 일으켜 심장에서의 진동이 혈액순환에 영향을 끼치게 된다. 그리고 **극단적인 경우에는** 이 모든 것이 완전히 끊겨서 동물을 죽음에 이르게 한다. 이 과정에서 나타나는 다른 생리적 변화들은 지각과 감정에 관한 익숙한 언어들로 설명할 수 있는데, 뇌의 구성에서의 변화는 **지각**(perceptions)이고 혈액 행태의 변화는 **정념**(passions)이다. 두 유형의 변화로 인해서 사람들은 외부 대상과 관련이 있을 거라고 생각한 성질을 그것들에 잘못 부여하게 된다. 예컨대 거미는 '검고' '놀랍게' 보이면서 아마 '악하게도' 보일 것이다. 비록 이 모든 용어들이 실제로는 아무것도 지시하지 않지만 말이다.

도덕적 판단은 지각일 뿐만 아니라 일종의 느낌이기 때문에 홉스가 이 이론에 근거해 '좋은' 것으로 표현하는 것은 '즐거운' 것으로 표현하는 것과 대략적으로 같을 거라고 주장한 것은 합리적이다. 도덕적 승인은 어떤 면에서 해당 행동에 대한 유쾌한 감정이기 때문이다. 하지만 두 느낌이 꼭 같지는 않으며 그 차이에 대한 (실제로 나중에 흄에 의해서 제기된) 설명이 필요하다고 홉스가 지적할 수도 있었을 것이다. 하지만 홉스는 그러지 않았고 '좋음'은 '쾌락'과 동일하다고 지속적으로 주장했는데, 이는 그가 몽테뉴 시대의 회의주의와 그 표준적 가정, 즉 사람들은 자신에게 이익이 되는 것을 '좋은' 것으로 여긴다는 기준에 몰두한 확연한 결과로 보인다(혹은 그들이 차용하기도 한 라틴어 용어로 하자면, 키케로의 비슷한 주장까지 거슬러올라가는데, 좋은 것honestume이 유용하다utile).

이러한 동일성을 암시하면서 홉스는 도덕적 상대주의를 표명하고, 또한 설명했다. 이에 따르면, 객관적인 도덕적 성질이라는 것은 없고 선한 것으로 보이는 것은 누군가를 즐겁게 하거나 그에게 좋은 것일 뿐이다. 또한 일상의 도덕적 언어에 내포된 '사실주의'는 색에 관한 일상의 언어와 마찬가지로 심각한 오류다. 홉스는 사실 이 오류가 평화로운 삶을 어렵게 만드는 주된 이유라고 줄곧 여겼다. 반면 그는 (종종 추정되는 것처럼) 노골적인 자기 이익의 충돌을 인간의 사회적 실존의 근본적인 문제로 여기지는 않았다.

홉스가 제공한 정념에 대한 설명은 무엇보다도 정념들을 대체로 유용한 것으로 취급했다. 즉, 사람들이 강렬하게 느끼거나 강렬하게 원하는 것은 사람들이 생존하는 데 도움을 주며, 사람들은 오랫동안 그들의 생존이 위태로운 상태를 원하지는 않는다. 홉스와 데카르트를 포함한 다수의 동시대인들 사이에는 이러한 견해에 대한 광범위한 공감대가 있었다. 모든 사람들이 이성이 정념을 통제해야 한다는 전통적인 관념은 잘못됐고 우리의 감정이 우리를 올바른 방향으로 인도해 줄 거라고 주장했다. 홉스의 설명을 따르자면, 사람들은 **타인에게 해를 끼치기 위해서** 타인에게 해를 끼치려 하지는 않는다. 물론 그들은 타인에게 힘을 행사할 수 있길 바라지만, 그 힘은 오직 그들 자신의 생명을 보존하기 위한 것이다. 일반적으로 생각하듯이 홉스가 어떤 의미에서 인간 본성에 대해 비관적이었다는 지적은 터무니없는데, 홉스에게 자연 상태의 인간은 선천적으로 적대적이기보다는 원리상 서로에게 냉담하기 때문이다.

하지만 홉스는 이와 같은 사람들이 자신들의 활동을 묘사할 수 있는 공통의 도덕적 언어를 사용하지 못한다면 사회적 존재로서 품위 있는 삶을 즐길 수 없다고 보았다. 이것은 홉스의 작업에서 발견되는 그야말로 뿌리 깊은 가정인데, 홉스는 이 점에 대해서 완전하게 해명한 적은 없지만 인간들의 갈등이 지닌 문제를 묘사하는 방법을 통해서 지속적으로 암시한 바 있다. 가령 『시민론』에서 홉스는 다음과 같이 지적했다.

인간들의 욕구는 서로 다른데, 그들 사이에 성정, 관습, 의견이 다른 것과 같다. 우리는 맛, 촉감, 냄새 등과 같은 감각된 지각들을 통해서 이를 알 수 있지만, 일상적 삶 속에서는 좀더 확연히 드러난다. 즉, 한 사람이 찬미하는 것, 말하자면 선이라고부르는 것을, 다른 누군가는 비난하고 악이라고 부를 것이다. 실로 한 인간이 종종 다른 시기에 같은 것을 두고 찬미하고 비난할 것이다. 만약 이것이 사실이라면, 불일치와 갈등은 필연적으로 발생한다.(3장 31절)

이것은 무엇을 찬미하고 무엇을 도덕적으로 승인할지를 둘러싼 갈등인데, 홉스는 이를 단순한 욕구의 갈등이라기보다는 불일치의 원인으로 구별지었다. 그가 두려워했던 것은 종교적 전쟁이나 다른 종류의 이념적 전쟁이었지, 욕구의 충돌이 선명하게 부각되는 (이를테면) 계급 전쟁은 아니었다고 보는 것이 타당하다.

문제는 의견이 외부의 힘에 의해 영향받기 쉽다는 데 있었다. 방금 인용한 구절에서 홉스가 말한 바와 같이 동일한 사람이 상황에 따라 종종 상당히 다른 것을 믿을 수 있다.『리바이어던』에서 홉스는 "일반 대중"의 마음을 "백지와 같아서 박사들이 자기들의 의견을 낙서해놓지 않는 한 공적 권위가 종이 위에 찍어내는 것은 무엇이든 받아들이기에 알맞은"(『리바이어던』1, 30장 433-434쪽) 것으로 묘사했다. 백지 위에 무언가를 쓸 수 있는 펜을 통제하거나 그것에 대응하는 것은 중요했는데, 이 문제 때문에 홉스는 그의 저작 곳곳에서 수사학자들을 비난했다. "사람들이 아무것도 느끼지 못하는데도 아픔과 피해를 느낀다고 몇 번이고 믿게 하고, 다른 이유가 아니라 말하는 사람의 언어와 정념에 따라 분노와 분개를 불러일으키는 것은 바로 웅변의 힘이다."(『법의 기초』2부 8장 14절, 『시민론』12장 12절) 홉스 스스로 다른 인문주의자들과 마찬가지로 수사학에 매료되었고 재능을 지니고 있었음에도 불구하고 말이다. 예컨대 실제로 그는 수사학과 관련된 몇 편의 글을 써서 캐번디시 가문의 제자들에게 읽혔다(그중 하나는 1637년에 출판되었다). 하지만 수사학이 지닌 영향력과 의견에 영향을 끼치는 외부적 요인들이 지닌 힘은 갈등의 해결을 이중으로 어렵게 만드는 요인이었다.

그럼에도 불구하고 홉스는 도덕적 갈등에 대한 해법이 있다고 믿었다. 윤리적 불일치 문제에 대한 전통적인 도덕주의자들의 해답은 조만간 모든 사람들이 도덕적 **사실들**을 명확하고 합리적으로 알게 되리라고 희망하는 것이었던 반면, 홉스는 당연하게도 이런 종류의 경건한 믿음에 의지하지 않았다. 대신에 그는 합의에 이르는 길은 **정치**를 통해야만 한다고 주장했는데, 이것이야말로 정치 이론에 대한 홉스의 가장 독특

한 기여임에 분명하다. 홉스는 자신의 생각을 가장 명료하고, 또한 가장 회의주의적인 형태로 『법의 기초』의 한 구절에서 제시했다. 여기서 그는 (홉스에게 적절한 정치 조직이 부재한 인간들의 상태를 의미하는) '자연 상태'와 시민법의 체제 아래에서 인간들이 처한 상태를 대조했다. 시민법 체제 아래의 상태는 이후 저자들에 의해서 '시민사회'라는 표준적인 용어로 명명되었지만, 홉스는 (비록 그 자신이 이 표현을 사용하긴 했지만) 보다 일반적으로는 '코먼웰스(commonwealth)'로 부르거나, 라틴어로는 **키비타스**(civitas)('도시' 또는 '국가')라고 썼다. 내가 보기에, 이 구절은 홉스 이론의 전체를 가장 정확하게 요약하고 있으며 그만큼 아래와 같이 길게 인용할 가치가 있다.

자연 상태에서는 모든 사람들이 자신만의 판관이며 사물에 대한 이름과 명칭에 관해서 서로 다른 생각을 가지고 있다. 이 차이로 인해서 다툼이 일어나고 평화가 깨진다. 따라서 논쟁에 빠질 수 있는 모든 것들에 대한 공통의 척도가 있어야 한다. 가령 무엇이 옳은지, 좋은지, 선한지, 큰지, 작은지, 내 것인지 타인의 것인지, 얼마나 무거운지 또 넓은지 등등. 이러한 것들에서 사적인 판단들은 다를 수 있고 논쟁을 야기하기 때문이다. 누군가는 공통의 척도가 올바른 이성이라고 말한다. 만약 **자연적으로** 발견되거나 알려진 그러한 것이 있다면, 나는 그에게 동의해야만 할 것이다. 하지만 대개 그들이 논쟁을 종식시킬 수 있는 올바른 이성이라고 부르는 것은 자신의 이성이다. 올바른 이성은 존재하지 않으므로 어떤 사람 또는 사람들의 이성이 그 자리를 대신해야 한다는 것은 확실하다. 그 사람 또는 사람들은 주권을 가지고 있는 자 또는 자들이다. 결과적으로 시민법은 모든 백성들의 행동이 옳은지 그른지, 이윤이 있는지 아닌지, 선한지 악한지를 결정할 수 있는 척도이며, 합의되지 않고 논쟁이 되는 경향이 있는 모든 이름들의 사용과 정의도 시민법을 통해서 확립할 수 있다. 예를 들어 기이하고 기형적인 출산의 경우 그것이 인간인지 아닌지를 결정하는 것은 아리스토텔레스나 다른 철학자들이 아니라 법이다.(2부 10장 8절)

이것이 홉스의 도덕철학과 정치철학의 핵심에 있는 관점이었으며, 자신의 이론을 요약해야만 할 때에 그는(가령 『토머스 화이트에 대한 비판』에서처럼. fo. 425v를 보라) 여러 형태로 이 견해를 표현했다.

하지만 이 관점을 둘러싼 명백한 문제는 이것이었다. 만약 정치가 도덕적 합의를 만들어낸다면, 그와 같은 정치적 삶은 애초에 어떻게 가능한가? 정녕 자연 상태에서의 도덕적 차이는 시민사회나 코먼웰스를 건설하려는 어떠한 시도도 압도할 것인가? 이 질문에 대답하기 위해 홉스는 (그로티우스와 마찬가지로) 고대와 르네상스의 도덕주의자들에게 전통적인 주제였던 '좋음'에 대해 말하는 것에서 '권리(rights)'를 말하는 것으로 방향을 전환해야 했다. 이 주제는 고대와 르네상스 작가들이 좀처럼 씨름하지 않았던 것인데, 실제로 '권리'에 해당하는 고전 그리스어나 라틴어 단어는 없었다. 이는 중세 스콜라 도덕주의자들의 전통적인 소재였는데, 그로티우스와 홉스가 이 주제를 중요하게 사용한 것은 그들이 젊은 시절의 인문주의와 외관상 상당히 단절했음을 의미했다. 이 단절이 내용적으로는 덜 두드러져 보이긴 했지만 말이다. 하지만 이 권리라는 언어를 통해서 홉스는 처음으로 새로운 회의주의적 의심을 고안해냈다. 이 의심은 심지어 상대주의에 대한 그로티우스의 해법도 부적합해 보이게 만들었다. 또한 이것은 홉스 이론에서 가장 유명한 측면을 낳기도 했는데, 그것은 바로 천성적으로 그리고 야만적으로 전쟁을 벌이는 인간들의 모습이었다.

간단하게 말해 홉스의 주장은 다음과 같다. 첫째, 자연 상태에서조차 우리가 모두 동의할 수 있는 것 한 가지가 있는데, 그것은 다른 사람들이 공격에 대응해 자신을 방어할 수 있는 권리를 가지고 있다는 것이다. 둘째, 또한 그들이 자신의 권리를 행사하고자 한다면 그들은 어떤 일을 **해야만** 한다는 사실에도 우리는 동의할 수 있다. 예를 들어 그들은 공격을 받았을 때 가만히 앉아서 아무런 반응을 하지 않음으로써 자기보존의 권리를 행사할 수는 없다. 셋째, 하지만 우리는 또한 다음과 같은 경우가 자연 상태에서는 빈번하다는 사실을 인식해야 하는데, 모든 사람들이 자신을 방어하는 때와 방법을 스스로 결정하는 판관이 되어야만 한다는 것이다.

자기보존의 권리에 대한 최초의 합의에도 불구하고 바로 이 마지막 사실로 인해서 자연 상태는 여전히 근본적으로 불안정할 것이다. 만약 당신이 그 권리를 **행사하는** 바로 그 시점이 적절한지 내가 동의할 수 없다면, 당신 스스로를 보존하기 위한 권리에 대해 내가 원리적으로 동의하는 것은 큰 의미가 없다. 당신이 원시의 대초원을 평화롭게 거닐며 휘파람을 불며 막대기를 휘젓고 다니는 것을 내가 본다고 상상해보자. 당신은 내게 위험한 존재인가? 당신은 아마 그렇게 생각하지 않을 수도 있다. 당신은 전적으로 평화적인 성향을 지니고 있기 때문이다. 하지만 나는 당신이 위험하다고 생각할 수 있으며, 자기보존의 자연권 행사는 오로지 상황에 대한 내 평가에 달려 있다. 따라서 만약 내가 당신을 공격한다면 나는 그렇게 행동하는 것이 정당하다. 사람들이 스스로를 보호하는 것은 정당하다는 데 우리가 합의했지만, 완전히 상대주의적인 세계가 지닌 불안정성은 다시금 제기된다. 따라서 자연 상태는 홉스가 강조하듯 "오늘날 아메리카 원주민의 사례에서 보는 것처럼"(『시민론』1장 13절) 전쟁, 야만, 퇴화의 상태가 된다.

내가 이미 말했듯이 이는 홉스의 주장을 간단한 형태로 진술한 것이다. 자연 상태에서 시민사회로의 이행을 그가 어떻게 설명하는지 논의하기 전에 홉스의 독자들에게 오랫동안 논란이 되었던 이 주장의 세부적인 사항들을 자세히 설명할 필요가 있겠다.

첫째, 우리 각자가 자신을 방어할 권리를 가지고 있다는 데 모두가 동의할 수 있다는 주장에 수반되는 내용은 무엇인가? 홉스는 『법의 기초』에서 이 주장을 다음과 같이 표현했다.

> 자연의 필연은 사람들로 하여금 자신에게 선한 것, 즉 스스로에게 좋은 것을 추구하고 욕망하게 만들고 스스로를 해치는 것은 피하게 만든다. 반면에 자연의 무서운 적은 죽음이다. 인간이 죽음과 고통으로부터 자신의 몸과 사지를 보존하기 위해 할 수 있는 모든 것을 하는 것은 이성에 반하지 않는다. 그리고 사람들이 이것을 권리(right 또는 jus), 또는 자연적인 힘과 능력을 사용하는 비난할 수 없는 자유라고 부르는 것도 이성에 반하지 않는다. 따라서 이것은 자연의 권리이다. 다르게 말해, 모든 사람들은 자신이 가지고 있는 모든 힘을 다해 자신의 생명과 사지를 보존할 수 있다.(1부 14장 6절)

　『시민론』과 『리바이어던』 모두에서 우리는 거의 동일한 설명을 발견할 수 있다. 표면적으로 이 구절은 다음과 같이 주장한다. 우리가 무엇을 하든 우리는 그것을 할 권리를 가져야만 한다. 왜냐하면 홉스의 행위 이론에 따르면 우리는 항상 우리에게 유익한 것을 확보하는 방식으로 행동하기 때문이다. 따라서 우리 자신을 보존할 권리는 단지 이러한 일반적인 권리의 특별한 사례일 뿐이다. 17세기 후반에 실제로 이처럼 말한 철학자는 네덜란드 출신의 베네딕트 스피노자였는데, 그는 많은 면에서 홉스의 아이디어에 의존했다. 하지만 홉스 자신은 이와 같은 것을 전혀 주장하지 않았다. 실제로 그는 수차례 우리가 그것을 할 **어떠한** 권리도 가지고 있지 않은 것들을 자연 상태에서 하는 게 가능하고, 또한 그와 같이 하기를 원하는 것도 가능하다고 말했다. 예컨대 『시민론』 2판의 한 주석에서 그는 술에 빠지거나 잔혹한 행위를 하는 것(미래의 소용을 기대할 수 없는 복수)은 정당화될 수 없다고 주장했다. 왜냐하면 그것들은 우리의 보존에 도움이 될 수 없기 때문이다(3장 27절). 홉스는 우리의 자연권은 가까스로 우리 자신을 보존할 권리이며 그러한 목적을 위해서 필요하다고 생각하는 수단이라면 무엇이든지 사용할 수 있다고 생각했던 것이 분명하다.

　홉스가 이와 같이 생각한 이유가 명확히 드러난 곳은 없지만, '자연적인' 권리를 자기보존에만 한정하는 것은 인간의 정신과 감정의 가변성에 대한 홉스의 회의론을 고려할 때 매우 타당하다. 가령 우리가 설득에 능하다면 우리의 목적을 위해서 다른 사람들에게 무언가를 믿게 하거나 거의 원하게 만들 수 있을 것이다. 하지만 우리가 사람들을 설득할 수 **없는** 것 한 가지는 바로 그들이 자신들의 죽음을 원한다는 사실이다. 이 지점에서 그들의 근원적인 본성은 우리에게 대항할 것이다. 모든 사람들은 차례로 다른 사람들에 대해 이러한 사실을 인식해야 하고, 또한 이와 같이 자기보존은 좋은 것이라는 믿음이야말로 인간들 사이에서 발견할 수 있는 공통되고 변하지 않는 믿음이라는 사실을 받아들여야 한다. 그 이상의 어떤 믿음도 가능하다. 이와 같이 볼 때 홉스가 우리의 자연권을 자기보존의 특별한 경우로 제약하는 이유는 정확히 그로티우스의 경우와 유사하다. 이에 따르면, 사람들이 그 밖의 다른 무엇을 믿든 간에, 그들은 모든 사람들이 어떤 상황에서든지 그들 자신을 보존하길 원할 것이라는 사실을 인식해야 한다―또한 이는 그들이 유일하게 항상 원하는 것이라는 사실도 알아야 한다. 사람들 사이에 합의가 가능하다면, 그와 같은 기초 위에서 가능할 것이다. 하지만 만일 원하는 것을 무엇이든 할 수 있는 다른 사람들의 권리를 인정한다면, 우리가 도덕적 갈등의 세계를 벗어날 가망은 없을 것이다.

홉스가 자기보존의 보편성에 대한 예외로 종교적 순교를

심각하게 다루었다는 점을 이야기할 필요가 있겠다(『법의 기초』 2부 6장 14절, 『시민론』 18장 13절, 『리바이어던』 2, 43장 303–304쪽을 보라). 하지만 앞으로 홉스의 종교에 대한 설명에서 보게 될 텐데, 순교에 대한 홉스의 태도는 기독교에 대한 그의 입장이 바뀜에 따라 줄곧 변했다. 초기 저작에서 기독교적 순교가 특별한 경우라고 홉스가 가정할 만한 충분한 이유가 있었지만, 『리바이어던』에서는 그러한 이유가 없어졌고, 따라서 순교에 대한 논의는 당연히 사라진다. 홉스는 『리바이어던』에 이르러 주장했다. 기독교인들은 자신의 믿음에 대해 "나아만(Naaman)〔성경 「열왕기하」 5장에 나오는 아람 왕국의 장군으로 나병에 걸려 이스라엘 선지자 엘리사에게 치유를 받았다. 그후 하느님을 믿게 되었지만 자신의 왕이 섬기는 림몬 신에게 제사를 드리는 것만은 용서해달라고 청했고 엘리사는 허락했다―옮긴이〕에게 허락된 자유를 가지고 있으며, 믿음을 위해서 스스로를 위험에 둘 필요가 없다".

홉스의 둘째 주장은 많은 독자들을 놀라게 만든 것으로서, 앞서 나는 이 주장을 다음과 같이 요약했다. 바로 자연 상태의 인간들은 만약 그들이 자연권을 행사하길 원한다면 특정한 일을 해야 한다는 데 동의할 것이라는 사실이다. 가령 그들은 공격을 당했을 때 그저 주변에 앉아서 맞대응하지 않는 것으로는 자신의 권리를 행사할 수 없다. 홉스는 **자연의 법칙**에 대해 말하면서 이러한 주장을 제시했다. 『법의 기초』에서 그는 다음과 같이 말했다.

모든 사람들은 그들의 정념이 만들어낸 난폭함과 악한 관습에 이끌리기 때문에 일반적으로 자연법에 반한다고 여겨지는 것들을 한다. 하지만 자연법을 만드는 것은 정념의 동의도, 관습에 의해서 얻어진 어떤 오류에 대한 동의도 아니다. 이성은 정념 못지않은 인간의 본성이며 모든 인간에게 동일하다. 왜냐하면 모든 인간은 자신이 이루고자 하는 것, 즉 이성의 작용인 자기 자신의 선을 이루기 위해서 지시되고 지배되는 의지에 동의하기 때문이다. 따라서 이성 이외에 다른 자연의 법칙이 있을 수 없으며, 우리에게 평화를 획득할 수 있는 곳에서 평화적 방법을 알려주는 것과 그러지 못한 곳에서는 방어의 방법을 알려주는 것 외에는 **자연법의 계율**이 있을 수 없다.(1부 15장 1절)

『시민론』과 『리바이어던』에서도 이와 거의 동일한 표현을 발견할 수 있다.

홉스가 의도한 바는 다음과 같다. 만약 당신이 스스로를 보존하길 원하는데도 평화 상태보다는 전쟁 상태에서 스스로를 보존할 수 있다고 여긴다면, 그것은 논리적 오류로서 터무니없는 일이다. 자연권의 행사는 인간들이 자연법이 요구하는 것이라면 무엇이든 한다는 사실을 논리적으로 필요로 한다. 홉스는 인간이 항상 법의 준칙들을 따라야 한다고 말하지 않았다. 그가 『시민론』(3장 26절)에서 말한 것처럼, 사람들은 마음의 정념과 동요로 인해서 준칙의 참된 의미를 이해할 수 없다. 하지만 "때때로 고요한 마음의 상태가 되지 않는 사람은 없는데" 그때에 인간은 자신이 무엇을 해야만 하는지 분명히 알 수 있다.

　이 주장과 관련해서 종종 제기되는 질문은, 만약 우리가 우리 자신을 보호해야 하고 이를 위해서 특정한 규칙들을 준수해야 한다면, 자연적 권리와 자연적 법을 구별하는 논점이 무엇이냐는 것이다. 홉스가 실제로 권리와 법을 구별하는 데 주의를 기울였다는 사실이 이 질문을 특별히 성가시게 만든다. 『리바이어던』에서 홉스는 "권리는 어떤 일을 하거나, 혹은 하지 않을 자유인 반면, 법은 어떤 일을 하도록 결정하거나, 혹은 하지 못하도록 금지한다. 따라서 법과 권리는 의무와 자유가 다른 것만큼 다르며, 똑같은 방식으로 서로 다른 말이다"(『리바이어던』 1, 14장 177쪽. 『법의 기초』 2부 10장 5절과 『시민론』 14장 3절도 참조하라)라고 말했다. 홉스의 첫 독자들 가운데 우호적인 사람들과 적대적인 사람들 모두 이 논점에 대해 놀라워했다. 적대적인 사람들 가운데 한 명인 로버트 필머 경은 다음과 같이 말했다.

만약 자연권이 인간이 스스로의 생명을 보존하기 위해 적합하다고 여기는 것은 무엇이든 할 자유라고 한다면, 우선 자연은 생명이 보존되어야 한다는 점을 그에게 가르쳐야 하고 그 결과 생명을 파괴하거나 빼앗을 만한 것들을 하지 못하게 막아야 한다. (…) 따라서 자연권과 자연법은 모두 하나가 될 것이다. 나는 홉스 선생이 자연권을 자신의 생명을 파괴할 자유라고 말하지는 않았을 거라고 생각하기 때문이다.……

하지만 이러한 비판은 (보다 최근 연구자들에 의해 제기된 비슷한 반대들과 유사하게. 이에 대해서는 3장을 보라) 홉스의 자연권 개념이 지닌 중요한 논점을 놓치고 있다. 『법의 기초』에서 홉스는 권리란 인간이 "자신이 가지고 있는 모든 힘을 다해서 자신의 생명과 사지를 보존하는 것"(강조는 필자)이라고 말했다. 그리고 『리바이어던』에서는 (좀더 명확하게) 그 권리는 "인간이 그 자신의 본성을 보존하기 위해서 스스로 원하는 바대로 자신의 힘을 사용할 자유"(『리바이어던』 1, 14장 177쪽, 강조는 필자)라고 말했다. 자연에서 우리는 우리 자신을 보존하기 위해 각자 원하는 것을 한다는 사실이야말로 홉스가 관심을 가지고 있었던 것이고, 이러한 사실로 인해 홉스의 관심사는 의무가 아니라 권리나 자유가 되었다. 권리는 그 한계가 없고 오로지 개별 행위자들의 의지에 달려 있다는 점에서 중요하다. 또한 이것이야말로 스스로를 보호하는 방식을 선택할 수 있는 우리의 자연적 능력을 권리로 묘사함으로써 홉스가 포착하고자 했던 것이다. 자연적 '법'은 만약 우리가 이성적으로 사고한다면 무엇을 **해야만** 하는지 알려주는 반면, '권리'는 결정을 해야만 하는 주체가 바로 우리 자신이며 우리는 생존이라는 필연적 목적을 향해 어떤 선택을 하든 본성적으로 그리고 심리적으로 자유롭다는 사실을 알려준다.

자신의 보존을 위해 무엇을 선택할지 결정하는 것이 자연상태의 각 개인들이라는 사실은, 앞서 내가 요약한 홉스의 셋째 주장에 담겨 있는 내용이다. 자연 상태에서는 "모든 사람들이 스스로를 방어할 방법과 시기를 결정하는 데 있어서 스스로의 판관이 되는 경우가 빈번하다". 이것이 홉스를 그로티우스와 갈라놓은 주장이었다(또한 그로티우스는 이 주장이 홉스와 자신 사이에서 중요한 쟁점이라는 사실을 1643년에 『시민론』을 읽고 알았다. 메르센과 홉스는 그에게 이 책의 사본을 보냈다). 홉스는 (『법의 기초』의 표현으로) "모든 인간은 자연권으로 인해 자기가 처한 위험에 대한 수단의 필요성과 그 위험의 크기를 스스로 판단한다"고 말하면서 이 주장을 제시했다. 이 점은 『시민론』과 『리바이어던』에서도 강조되었으며, 홉스의 저작에 대단히 우호적이었던 찰스 캐번디시조차 『시민론』을 처음 읽었을 때 (자연권과 자연법의 관계에 대한 논점과 더불어) 이 점에 비판적이었다. 캐번디시 경이 비판적인 태도를 취한 것은 옳았는데, 홉스의 정치 이론에서 특색 있는 것의 사실상 전부가 이단순한 명제에서 비롯되었기 때문이다.

만약 인간이 자기를 보존하기 위해서 무엇이 필요한지 스스로 판단해야 한다면, 그로티우스 이론이 지닌 반(反)회의주의적 장점은 즉시 사라진다. 왜냐하면 홉스의 철학 덕분에 외부세계에 대한 명백하고 객관적인 진실은 없으며, 모든 인간은 무엇이 자신에게 위험한지에 대해 서로 다른 판단을 하리라는 것이 틀림없는 사실이 되기 때문이다. 하지만 만약 그렇다면, 어떻게 해야 하는지에 대한 합의는 여전히 불가능할 것이고, 모든 사람들은 상황에 대해 자신만의 평가에 근거하여 행동할 것이다. 자연적이고 보편적인 자기보존의 권리라는 관념이 상대주의적 문제에 대응하는 명백한 해법임에도 불구하고 갈등은 일어날 것이다. 결국 회의론적 상대주의의 가장 음울한 형태야말로 유일하게 가능한 윤리적 비전처럼 보인다. 그리고 이것이야말로 정치와 독립적으로 다루어진 윤리에 대해 실로 홉스가 내린 결론이다.

정치

하지만 홉스는 자신이 제시한 윤리적 상대주의에 대해 해법을 제시할 수 있었다. 그리고 이 해법으로 인해 그는 결국 진정한 정치 이론을 가질 수 있었다. 홉스는 여러 방식으로 자신의 주요 세 저작에서 이 해법을 제시했는데, 그 형태는 서로 달랐지만 본질적으로는 동일했다. 이에 따르면, 자연 상태의 인간들은 어떤 성찰적인 순간에 이르러 다음과 같은 사실을 알게 된다. 자연법은 사람들로 하여금 불확실한 상황에서 위험하다고 스스로 판단할 권리를 포기하게 만들 것이고, 결국 공동의 권위가 내린 판단을 수용하게끔 의무화할 것이라는 사실을 말이다. 『법의 기초』에서 홉스는 자연권 **자체**를 포기하는 것에 대해 말하면서 이 해법을 표현하려고 노력했다. 여기서 그가 의도한 것은 완전한 형태의 자연권인데, 완전한 형태의 자연권이란 이 저작에서 정의한 바와 같이 자신을 보호하기 위해서 '모든 힘'을 사용할 권리를 말한다. 하지만 이것은 이 개념을 혼란스럽게 만드는 설명 방식이었는데, (그가 인정한 것처럼) 인간은 죽음에 이르는 극단의 상황에서도 스스로를 보호할 기본적인 권리를 포기할 수 없기 때문이다. 홉스는 『리바이어던』에서 가장 만족스러운 방식을 제시했다. 자연 상태의 모든 사람들이 자신의 의지를 공적 권위의 의지에, 자신의 판단을 공적 권위의 판단에 일임할 때 공적 권위가 창출된다.(『리바이어던』 1, 17장 232쪽) 반면에 『법의 기초』에서는 보다 간명한 형태로 자연법의 "골자는 우리로 하여금 우리 스스

로의 판관이나 우리 스스로의 조각가가 되는 것을 금한다"(1
부 17장 10절)라고 말했다.

자연 상태에 대한 홉스의 설명에 따르면, 무엇이 위험한지
에 대한 판단이 서로 다르기 때문에 사람들 사이에 갈등이 일
어난다. 사람들이 다르게 판단한다는 사실은 문제가 되는 사
건들에 있어서 본질적인 불확실성이 존재한다는 것을 보여주
기에 충분하다. 이 관점은 홉스가 다른 맥락에서 다음과 같이
『법의 기초』에서 제시한 태도와 비슷하다. "오류 없이 정확하
게 가르친다는 것의 명백한 표시는 바로 아무도 그 반대를 가
르친 적이 없다는 것이다. 하지만 만약 그런 경우가 있다면 아
무리 적은 경우일지라도 없는 것은 아니다."(1부 13장 3절) 이
처럼 불확실한 경우에서 **사태에 대한 진실** 같은 것은 없고, 따
라서 사람들은 다른 사람의 판단보다 자신의 판단을 선호할
특별한 이유가 없다. 사람들에게는 자신들의 판단과 그 밖의
사람들의 판단이 일치하길 원하는 강력한 이유가 있기 때문
에 다음과 같은 단순한 결론을 도출할 수 있다. 즉, 사람들은
모두 단일한 의견의 원천을 찾아야 하고, 불확실하거나 논쟁
의 여지가 있는 경우 그들 각각의 위험에 대해 그 원천의 견해
를 받아들일 것이다. 이 단일한 원천이 지닌 힘은 시민들을 보
호할 것이다. 왜냐하면 이 원천은 동일한 위험에 대한 사람들
의 판단을 조율할 수 있을 것이고, 시민들에 의해 새롭게 수립

된 '코먼웰스'에 위협이 될 가능성이 있는 범죄자나 타국에 대해 공동의 행동을 유도할 수 있기 때문이다. 이 공동의 판관은 그 정의상 코먼웰스를 지배하는 **주권자**(sovereign)라고 할 수 있다. 주권자는 반드시 한 사람일 필요는 없지만, 어떤 유형의 회의체적 결정이라고 하더라도 단 하나의 의지만이 필요하다. 홉스는 정치에 관한 저작 세 권 모두에서 다른 종류의 정부 형태보다 군주정을 선호하는 낮은 차원의 이유들을 제시하긴 했지만, 그의 정치 이론은 공화정을 포함하여 모든 종류의 정부 형태에 차별 없이 적용된다. 홉스의 이론은 『리바이어던』 37장에 가장 깔끔하게 요약되어 있는데, 거기서 그는 주권자를 "불확실한 모든 경우에서 우리의 사적 판단을 일임한 신의 대리인"(2권 114쪽)으로 묘사했다.

하지만 자신이 위험에 처했다는 것이 논쟁의 여지 없이 명백할 때에는 주권자가 뭐라고 하든 상관없이 스스로 자신을 보호해야 한다는 것은 여전히 틀림없이 분명한 사실이다. "인간은 자신을 공격해서 힘으로 목숨을 빼앗으려는 사람들에게 저항할 수 있는 권리를 포기할 수 없다. 왜냐하면 그 사람이 자신에게 선한 것을 의도한다고 볼 수 없기 때문이다."(『리바이어던』 1, 14장 180쪽) 심지어 그를 공격하는 것이 주권자이거나 그 대리자일 경우도 마찬가지이다.

인간은 저항하지 않음으로써 직면하게 되는 확실한 죽음이라는 보다 큰 악보다, 저항함으로써 위험에 처하게 되는 보다 작은 악을 본성적으로 선택한다. 또한 범죄자들을 사형장이나 감옥으로 호송할 때 그 범죄자들이 설령 그 자신들에게 선고를 내리는 법에 동의했다 하더라도 무장한 사람들이 그들을 호송하는 것을 보면 모든 사람들에게 이것은 진실이다.(『리바이어던』1, 14장 190쪽)

홉스는 이러한 이론의 초기 형태에서 자신이 전술적 곤경에 봉착했다는 사실을 발견했다.『법의 기초』(2부 1장 2~3절)와『시민론』(6장 1절)에서 홉스는 하나로 결합되지 않은 '다중(multitude)'이 주권자에게 공동으로 복종하면 그들은 하나의 '인격(person)'이 되는데, 다중은 주권자를 가지는 한에서만 인격이 된다고 주장했다. 그는『시민론』2판(1647)의 한 주석에서 이러한 주장이 많은 독자들을 놀라게 했다고 언급하면서도 같은 주석에서 지속적으로 이 주장을 펼쳤다. 하지만 다중이 공동의 주권자를 통해 자신의 주권자에게 **대항하는** 것을 원칙적으로 허용했다는 점에서 홉스의 관점은 위험했다. 홉스는 영국의 내전에서 '인민'이 그들의 주권자를 제약할 수 있는 집단적인 권리를 가졌다는 견해를 지속적으로 거부하고자 했지만, 이처럼 초기의 이론 형태는 이 견해를 뒷받침했다. 하지

10. 1651년 공화국 국새. The British Library

만 『리바이어던』에서 보다 정교해진 그의 이론에 따르면, 다중을 구성하는 모든 구성원들은 개별적으로 그들의 주권자에 의해 '인격화되거나' '대표되어' 단일성은 오직 주권자의 의지에 의해서 확보된다. "인격을 하나로 만드는 것은 대표되는 자들의 **단일성**이 아니라 대표하는 자의 단일성이다. 따라서 인격을 보유한 자는 대표자이고 그는 오직 하나의 인격만을 보유한다. 그러지 않으면 다중 안에 있는 **단일성**은 이해될 수 없다."(『리바이어던』16장 221쪽. 이와 대비되는 경우는 특히 『시민론』6장 1절의 주석이다.)

주권의 기원에 대한 홉스의 이론에 대해 종종 제기되는 의문은 이 이론이 사람들로 하여금 그들의 주권자를 위해서 싸울 가능성을 배제하는 것처럼 보인다는 점이다. 왜냐하면 전장에서 죽거나, 범죄자를 잡으려다 죽임을 당할 위험에 놓이는 것보다는 아예 싸움을 피하는 것이 훨씬 낫기 때문이다. 하지만 홉스는 "코먼웰스의 방어를 위해 무기를 들 수 있는 모든 사람의 협력이 필요한 경우에는 모든 사람들에게 그렇게 할 의무가 있다"(『리바이어던』1, 21장 291쪽)고 말했다. 만약 주권자가 무엇이 위협인지 불확실한 상황에서 우리를 위해 위협 여부를 결정하는 존재라고 생각한다면, 우리가 나라를 위해 무기를 드는 것은 합리적이라는 사실을 알 수 있다. 왜냐하면 이것은 자연 상태에서 잠재적인 적에 대항하여 싸우는 것과 동일한 **논리**이기 때문이다. 유일한 차이는 위험을 추정하는 주체가 이제는 우리 자신이 아니라 주권자라는 사실에 있다. 내가 생각하기에 이 쟁점은 홉스가 원래 관심을 가졌던 중요한 것 중 하나다. 이 쟁점은 1636년 이래로 선박세(Ship Money) 위기 동안 가장 중요한 주제였기 때문이다. 네덜란드가 영국에 위협이라는 사실을 결정하는 것은 순수하게 주권자에게 달려 있는 문제인가, 아니면 개별적인 영국인들이 의견을 가질 수 있는 문제인가? 이 질문에 대한 홉스의 답은 선박세와 관련된 소송에서 왕당파 판사들과 의견을 같이했다. 즉, 오직 왕만이 영국의 중요한 문제가 무엇인지 선언할 권리가 있으며, 그의 백성들은 왕의 명령에 따라 세금을 내거나 싸워야 한다는 것이었다.

코먼웰스 수립에 대한 홉스의 설명 방식은 이와 유사하지만 훨씬 다루기 어려운 문제를 종종 야기했는데, 홉스가 자연 상태의 거주자들이 자신들의 활동을 조정하기 위해서 주권자 주변에서 맺은 **약속** 또는 **계약**의 관점에서 코먼웰스의 수립을 설명했기 때문이다. 만약 그들 중 누구라도 나중에 약속을 깨는 것이 자신에게 유리하다는 것이 밝혀진다면 이 약속을 지켜야 하는가? 이것은 자연 상태에서 그 누구도 약속을 지킬 이유가 없다는 홉스의 일반론적인 주장 때문에 더욱 문제가 되었다. 왜냐하면 "강제적인 힘에 대한 공포가 없다면 말로 이루어진 합의는 인간의 야심, 탐욕, 분노 및 다른 정념을 이겨내지 못하기 때문이다".(『리바이어던』 1, 14장 186쪽)

약속에 대한 홉스의 논의는 적어도 (가장 완전한 생각이 제시된) 『리바이어던』에서 다음과 같이 전개된다. 홉스의 기본적인 논점은 다음과 같았다. 만약 두 명(혹은 그 이상)의 사람들이 서로 무언가를 하겠다고 약속하고서는(근본적인 사회계약의 경우, 같은 주권자의 결정을 존중한다는 약속) **만약** 어떤 한 사람이 그 약속을 지킨다면, 다른 이들이 자신의 약속을 지키지 않을 타당한 이유가 없다. 그들에게 다른 타당한 이유가 없는 것은 그렇게 할 유일한 타당한 이유는 자기보존의 이유이기 때문이며, 누군가 자신이 하려고 말한 바를 행동으로 옮겼다면 그는 다른 사람들에게 위험이 아니기 때문이다. 이러한 이유로 홉스는 『리바이어던』 15장(1권 196쪽)에서 오직 "어리석은 사람"만이 "정의와 같은 것은 없다"는 말을 할 수 있다고 주장했다. 여기서 정의란 다른 사람들이 약속을 지킨다면 마찬가지로 나도 그 약속을 지키는 데 있다. 그렇다면 질문은 간단한데, 무엇이 자연 상태에 있는 어떤 사람으로 하여금 자신의 약속을 지키는 **최초의** 인간이 되도록 만드는가? 홉스는 그렇게 만드는 합리적인 동기는 있을 수 없다고 말하는 것처럼 보인다. 가령 자연 상태에서 "처음으로 계약을 이행한 사람은 다른 사람도 계약을 이행할 보증을 받을 수 없다. (…) 따라서 처음으로 계약을 이행한 사람은 자기 자신을 적에게 단지 넘겨주는 것이다".(14장 186쪽) 따라서 의문은 여전히 남는다. 사회계약은 어떻게 가능한가?

이 질문에 대해서 홉스의 저작들에서 이끌어낼 수 있는 쉬운 대답은 없다고 생각한다. 홉스가 코먼웰스의 구성에 대한 자신의 생각을 몇 가지 다른 방법으로 시도했다는 사실은 그 또한 이 문제에서 어려움을 인식했다는 점을 보여준다. 홉스가 자연 상태에서 신약(covenants)을 맺거나 약속을 준수하는 것이 불가능하다고 말한 것은 약속 준수에 대한 매우 일반적인 설명의 일부라고 할 수 있다. 분명히 대부분의 약속에 있어서 상대가 약속을 이행하기 전에 자신만 약속을 이행한다면 그 사람은 적의 손에 자신을 넘기고 있는 것이라는 점은 사실일 것이다. 하지만 주권자의 판단을 그 자신의 판단으로 간주하는 약속의 경우에도 이 말이 사실일지는 분명하지 않다. 이 약속은 주권자와 맺는 것이 아니라 장래의 시민들 간에 맺는 것이기 때문에, **그들**과의 거래에서 내가 약속을 준수한 이후에 내가 더 나빠질 일은 없을 것이다. 비록 다른 사람들이 약속을 지키지 않더라도 어쨌든 자연 상태에서의 경우보다는 나을 것이다. 달라진 것은 타인의 위협이 불확실한 상황에서 이제는 다른 사람이 위협을 판단한다는 점이다. 하지만 그러한 상황들이 불확실하기 때문에 나의 판단보다 그 판단이 나

뻘 거라고 가정할 합당한 이유는 없다. 따라서 다른 사람들이 주권자를 따르지 않을지라도 내가 주권자를 따름으로 인해서 내가 더 나빠지리라 가정할 합당한 이유도 없다. 나는 약속을 지키고, 다른 이들이 약속을 지키는지 보면 된다.

하지만 마찬가지로 다른 이들이 주권자를 따르지 않으면 내가 그를 따름으로 인해서 더 나아질 리 없다는 것도 틀림없다. 나는 여전히 자기보존의 권리를 언제 행사해야 할지에 대한 이견을 지닌 사람들에게 둘러싸인 채 사실상 예전과 같은 상태에 남아 있을 것이다. 상황이 이처럼 지속된다면 사적인 판단에 대한 나의 권리를 주권자에게 양도하는 것은 아무런 의미가 없다. 또한 모든 경우에 있어서 나 자신을 스스로 돌보는 것이 더 낫다. 이것이 『리바이어던』의 말미에 덧붙인 「재검토 및 결론」에서 홉스가 특별히 강조한 논점이다. 홉스가 보기에 이것이야말로 영국인들이 자신의 충성의 대상을 왕에게서 새로운 공화국으로 옮기는 것을 정당화시켜주기 때문이었다. 그들은 더이상 왕권에 의해서 '보호'받지 못했는데, '보호와 복종 사이에는 상호 관계가 있다'라는 슬로건은 1649년부터 1651년까지 영국에서 발행된 팸플릿에서 새로운 공화국에 대한 복종과 관련해 자주 사용된 것이었다.

근본적인 계약에 대한 이러한 설명 방식은 홉스가 직접 사용하지 않은 용어로 표현한 것이지만, 틀림없이 홉스 사상의 일반적인 특징들에 충실한 것이다. 이를 통해 우리는 그와 같은 계약이 가능하다는 사실을 받아들일 수 있고, 이제 홉스의 이론에서 특별히 정치적인 부분, 특히 시민에 대해 주권자가 갖는 권리에 대한 논의로 옮겨갈 수 있다.

일반화되어 있는 홉스의 인상은 절대주의적 국가권력에 대한 이론가로서의 모습이다. 이 인상은 '리바이어던'이라는 바로 그 제목과 "그 위대한 리바이어던, 혹은 (보다 경건하게 말해) 그 필멸(必滅)의 신"(1권, 17장 232쪽)〔한국어판에서는 '지상의 신'이라고 번역〕으로 주권자를 묘사한 것에 의해서 조장되었다. 하지만 주권 권력의 기본적인 특징들에 대해 홉스가 설명하면서 도입한 중요한 자격 요건들을 이야기할 필요가 있다. 우리가 본 바와 같이 위험에 대한 주권자의 판단이 (대체로) 시민들의 판단으로 간주된다는 점에서 주권자는 시민들을 **대표한다**. 따라서 주권자의 행동들을 규율하는 고려 사항들은 자연 상태에서의 사람들을 규율하는 것과 동일한데, 그것은 외부의 공격으로부터 위험을 최소화할 수 있는 상황을 확보하는 가장 최선의 방법에 관한 것이다. 홉스는 시민들의 안전은 주권자 자신의 안전에 연관된다고 믿었지만, 주권자의 보존과 그 시민들의 보존 사이의 실질적인 관계가 지닌 복잡성에 대해서는 얼버무리는 경향이 있었다. 홉스는 적어도 『리바이어던』에서는 어떤 의미에서 시민들을 대신하여 행동하는 주권자에 대해 자주 이야기했으며, 주권자가 자신의 보존과 그가 대표하는 인민의 안전에 이바지할 수 있는 것은 무엇이든지 하는 게 합리적이라고 여겼던 듯하다. 이와 다르게 행동하는 주권자는 '신탁과 자연법에 대한 위반'이 될 거라고 홉스는 반복적으로 말했다―하지만 나중에 보게 될 것처럼, 홉스는 주권자가 무언가를 할 권리가 없다는 사실 때문에 그 백성들에게 그에 맞서 저항할 권리가 생긴다고 결론짓지는 않았다.

이 말은 절대주의적 국가권력 이론이 관습적으로 허용하던 많은 것들이 주권자의 권리에 대한 홉스의 설명에서는 제외된다는 의미다. 가장 놀라운 사례는 **사유재산**에 대한 문제라고 할 수 있다. 자연의 근본적인 권리에 대한 홉스의 설명에 의하면 모든 사람들은 자신의 생존을 위해 필요한 물질적인 대상, 예컨대 음식, 물, 집 등을 가질 권리가 있다. 따라서 자연 상태에서는 최소한의 사유재산, 혹은 적어도 그와 같은 유형이 존재한다. 홉스는 더 나아가 자연 상태의 인간은 자신의 보존을 위해 필요한 것 이상을 축적할 권리는 없다고까지 주장했다. 만약 그러한 재산 축적이 다른 사람이 생존하는 데 필수적인 것들을 빼앗는 것이라면 말이다.

생활에 필수적인 것들을 얻는 것은 모든 사람들에게 지워진 의

무여야만 하는데, 단지 권리에 의해서만이 아니라 **자연적 필요**에 의한 것이기도 하다. 따라서 만약 누군가가 그보다 더 많은 것을 위해 다툰다면 그는 전쟁을 일으키는 죄를 범하게 될 것이다. 왜냐하면 그는 전혀 싸울 이유가 없었기 때문이다. 결과적으로 그는 **자연법의 근본적인 원리**를 어기게 된다.(『시민론』 3장 9절. 『리바이어던』 1, 15장 204-205쪽도 보라.)

사람들이 경제적으로 생존을 위협받을 상황에 내몰리게 된다면 (홉스에 따르면) 일부 사람들이 필요 이상으로 재산을 축적하는 것은 도덕적으로 옳지 못하다.

이 일반적인 원리는 코먼웰스에서도 통용된다. 『리바이어던』에서 홉스는 한 사회에서의 토지와 자원의 특정한 분배는 원래 주권자가 결정해야 한다고 주장했다. 당시 이러한 의견은 자주 제기되었는데, 적어도 특정한 재산 분배는 특별한 체계인 시민법의 결과여야 한다는 주장의 형태를 띠고 있었다. 가령 그로티우스는 그렇게 믿고 있었다. 하지만 홉스는 다음과 같이 말했다.

주권자, 즉 (그가 그 인격을 대표하는) 코먼웰스는, 공동의 평화와 안전을 위해서만 행동하므로 토지의 분배 또한 같은 목적을 위해 이루어지는 것으로 해석되어야 한다. 그러므로 또 한 사람의 편파적인 방식으로 이러한 목적을 침해하는 분배는, 그 무엇이든 자신의 평화와 안전을 주권자의 재량과 양심에 맡기고 있는 모든 백성들의 의지에 반하는 것이며, 따라서 그들 한 사람 한 사람의 의지에 의해서 무효로 간주될 수 있다.(『리바이어던』1, 24장 328쪽. '또 한 사람' 부분은 출판된 어떤 판본에서도 발견되지 않는데, 『리바이어던』의 자필 원고에 기초한 것이다.)

따라서 사람들이 육체적으로 위태로워지거나 코먼웰스의 구성원들이 생존에 필수적인 것들에 접근할 수 없는 방식으로 재산의 분배가 이루어진다면, 그때는 주권자가 개입해서 재산을 재분배해야만 한다. 주권자는 모든 사람들이 생존에 필요한 최소한의 것들을 가질 수 있도록 항상 보장해야만 한다. 『리바이어던』30장에서 홉스는 코먼웰스가 극빈자들이 삶을 유지할 수 있도록 식량을 공급할 책임이 있다고 주장했다. "그들은 사적인 인간들의 자선에 내버려져서는 안 되며, (자연의 필요가 요구하는 만큼) 코먼웰스의 법률에 의해서 제공되어야만 한다."(445쪽) 이러한 주장은, 주권자가 판단하기에 코먼웰스를 보호하기 위해 충분할 만큼 과세할 권리가 주권자에게 있어야 한다는 결론으로 이어진다. 선박세 논쟁 가운데 제기된 주장에서처럼 '사유재산권'은 주권자의 행동에 대한 어떠한 항변도 될 수 없다.

또한 홉스의 주권자는 단지 그가 생각하기에 좋은 것이라고 해서 어떠한 정책이든(예컨대 강력한 평등주의 체제) 시행할 권리를 가진 것 같지는 않다. 우리에 대해서 주권자가 가지고 있거나, 우리를 위해서 행사할 수 있는 유일한 권리는 우리의 생존에 필요한 수단이 무엇인지 고려할 권리이다. 따라서 주권자가 우리의 물리적 생존에 대한 고려 이상으로 어떤 프로그램을 도입하는 일은 **우리의** 권리에 근거한 것은 아닐 것이다. 물리적 생존을 고려하는 것만으로도 주권자에게 많은 진전이 가능하다는 점은 인정되어야 한다. 예컨대 일반적인 경제적 번영은 사회적 갈등을 잠재우기 위해 합리적인 것으로 여겨질 수 있기 때문에 국가를 번영시키는 것은 그 무엇이든 홉스의 이론 안에서 정당한 듯 보인다. 실제로 홉스는 국부(國富)를 어떻게 증진시킬 수 있는지에 대한 동시대의 설명들, 나중에 '중상주의'라고 알려진 동향과 관련된 문헌에서 많은 부분을 차용했다. 하지만 어느 순간 주권자는 이러한 용어들로 정당화될 수 없는 정책들을 도입하려 할 수 있고, 그 시점에서 그는 자신이 가진 권리의 한계를 넘어섰다고 말할 수 있을 것이다. 특히나 이러한 정책들이 코먼웰스 안에서 특정 집단의 적대감을 불러일으킨다면 더욱 그러한데, 이것은 **특별한** 이유 없이 주권자 자신의 생존을 위태롭게 만드는 일이기 때문이다. 따라서 홉스는 납세자들의 동의 없이도 과세할 수 있는 주

147

권자의 권리를 전적으로 지지하면서도 평등주의적 과세나 소득세의 정당성에 대해서는 반대했으며, 대신에 소비재에 대한 과세를 선호했다.

이처럼 현대의 정치적 가정들에 의거해 보자면 홉스의 주권자는 모호한 존재다. 엄청난 힘과 비자유주의적인 권력을 보유하고 있으면서도, 홉스의 주권자는 할 수 없는 (혹은 더 적절히 말해, **해서는** 안 되는) 것들이 있다. 근대국가라면 의심할 여지 없이 합법적으로 할 수 있는 것들인데도 말이다. 여기서 요점은 홉스의 이론이 초기 형태의 또는 고전적 **자유주의**의 역설을 구현하고 있다는 데 있다(이런 관점에서 홉스의 이론은 가령 존 로크의 사상과도 그렇게 다르지 않다). 시민과 주권자 모두의 주된 책무는 그들 자신과 동료 시민들의 물리적 생존을 보장하는 것이다. 일단 이 최소한의 요건이 충족되면 사회에 추가적인 정책을 시행해서는 안 된다. 비록 이러한 요건 자체가 상당한 정도의 국가권력을 실제로 암시하는 것이지만 말이다. 19세기 또는 20세기의 자유방임주의 옹호자들은 물리적 생존의 충족을 어느 정도 당연하게 생각했지만, 17세기 자유주의자들에게 공적 질서와 최소한의 생존은 쉽게 얻을 수 없는 소중한 것들이었다. 홉스의 시대에 이르러서야 서유럽인들은 살면서 어떤 순간에도 파괴적인 기근에 직면하지 않을 거라고 합리적으로 기대할 수 있는 거의 최초의 사람들이 되었다는 점도 잊어서는 안 된다.

내가 마지막으로 다루고자 하는 주권 권력의 영역에서도 비슷한 역설이 발견된다. 바로 공적 논쟁과 교리에 대한 주권 자의 권리이다. 홉스 이론의 그 어떤 부분보다도 17세기부터 오늘날까지 그의 독자들을 두렵게 만든 것은 지적인 문제에 대한 입법적 권리를 주권자가 전적으로 가지고 있다는 점이 었다. 홉스는 매우 분명하게 주권자가 이러한 권리를 가지고 있다고 말했다.

어떤 의견이나 학설이 평화에 반하는지 또는 기여하는지에 대 한 판단은 주권자에게 속한다. 따라서 사람들이 어떤 경우에, 어느 정도로, 무엇을 다수의 사람들에게 말해도 좋은지에 대한 판단과, 책이 출판되기 전에 그 내용에 대해 검열하는 일을 누 구에게 맡길 것인가에 대한 판단 등도 모두 주권자에게 속한 다. 인간의 행위는 그의 생각에서 나오기 때문에, 평화와 일치 를 위해 사람들의 행동을 잘 규제하기 위해서는 그 생각부터 잘 다스릴 필요가 있다. 비록 교리의 문제에서 진리 이외의 것 을 고려할 필요는 없지만, 평화를 위해 생각을 규제하는 게 이 와 모순되는 것은 아니다.(『리바이어던』 1, 18장 240-241쪽)

이 구절이 보여주듯 홉스의 입장은 그 자신의 근본적인 전제로부터 바로 도출한 것이었다. 그 전제란, 사람들이 무엇을 배워야 하는지 또는 무엇을 들어야 하는지를(왜냐하면 그들이 듣는 것이 그들을 설득할 것이기 때문에) 주권자가 전적으로 판단할 수 없다면 코먼웰스가 기초로 삼는 의견과 판단의 일치는 발생하지 않는다는 가정이다. 이는 일견 자유주의의 기본 가정들과 대척점에 있는 것처럼 보인다.

하지만 다시 한번 우리가 지금 17세기를 다루고 있다는 사실과, 당시 홉스의 독자들 일부를 놀라게 했던 것은 오늘날 우리를 놀라게 하는 것과는 매우 달랐다는 사실을 기억할 필요가 있다. 다음 절에서 보겠지만, 홉스가 이렇게 주장한 주된 목적은 **교회**에 대해 주권자가 가지고 있는 권력을 승격시키기 위해서였다. (홉스가 보기에) 교회는 터무니없는 의견을 동료 시민들에게 강요하려는 광신도 집단이었으며, 그들의 행동은 유럽의 내전들을 일으킨 데에 주된 책임이 있었다. 주권자가 공적 교리와 주요 논쟁을 결정할 수 있는 권한을 가져야만 그들은 통제될 수 있었다. 하지만 주권자의 권한은 본질적으로 **소극적**인 것이었다 — 의견 일치를 이루는 것이지, 어떤 **특정한** 의견을 수용하게 만들기 위한 것이 아니었다. (특히 20세기의 경험에서 비롯되는) 전체주의에 대한 근대 자유주의의 공포는 국가가 자신만의 이념적인 속셈을 가지고 인종주의적 교의나 특정한 경제적 이론을 시민들에게 강요할 것이라는 점을 주요 내용으로 한다. 하지만 홉스나 그의 동시대인들에게 국가는 대체로 사회에 속한 하나의 단체로서 고유한 이데올로기적 사욕(私慾)을 갖지 않는 것으로 규정되었다. 비록 교조주의자들에게 둘러싸여 있었지만 국가는 시민들의 안전을 보장할 필요 외에는 어떤 종류의 교의도 고집할 이유가 전혀 없었다.

홉스에게는 교회를 제외하고도 주권자가 그 의견을 통제하길 원하는 집단이 하나 더 있었다. 역설적이게도 그 집단은 홉스가 젊었을 때 몸담았던 **인문주의자들**이었다. 『리바이어던』은 특별히 그리스와 로마의 고전들을 공부하는 것의 폐단에 대한 비난으로 가득차 있다. 홉스는 이러한 공부가 독자들로 하여금 **자유**에 대해 잘못된 생각을 갖게 만들었다고 말했다. 그리스 아테네와 로마는 공화국이었으며, 공화국의 주권을 북돋기 위해서 그들의 시민들에게 공화주의적 정부의 우수성을 가르쳤다. 하지만 이러한 맥락을 모른 채 고전을 읽게 되면서 사람들은 공화주의적 자유가 보편적 가치를 지녔다고 잘못 생각하게 되었고, 사회를 공화주의 계보 위에 재구축하려고 했다—"내가 진실로 말할 수 있는 것은 이 서구의 일부가 그리스어와 라틴어를 배우는 데에 할애한 것만큼 큰 비용을 치른 것도 없다는 것이다".(『리바이어던』 1, 21장 288쪽) 홉스는 "고대 그리스와 로마의 역사와 철학에서 빈번히 찬양되었던 바로 그 자유"(1권 286쪽)가 가치를 지닌다는 점을 인정했지만, 그것은 외부의 압력으로부터 코먼웰스의 자유라고 이해될 때에만 가치를 지녔지 백성들의 자유라는 관점에서는 아니었다. 홉스가 고대 그리스와 로마의 가치를 인정한 것은 그가 초기 인문주의적 경향으로부터 완전히 절연하기를 꺼렸음을 보여주는 것이기도 하다. 왜냐하면 이러한 관점은 (마키아벨리를 포함해서) 많은 인문주의자들이 공유하는 것이었기 때문이다. 하지만 이들 인문주의자는 자유로운 코먼웰스의 시민들이 바로 그 코먼웰스의 자유로 인해서 그들 스스로도 더 자유로워질 수 있다고 주장했는데, 홉스는 이 점을 거부했다. 홉스는 이러한 자신의 생각을 이탈리아 도시 루카에 대한 인상적인 구절로 요약했는데, 홉스는 루카를 직접 방문했던 것이 틀림없으며 홉스가 보았던 그 명문은 아직도 도시에 남아있다.

오늘날 루카시에 있는 탑에는 커다란 글자로 '자유(LIBERTAS)'라고 쓰여 있다. 하지만 이를 통해 아무도 루카시의 한 사람이 **콘스탄티노플**에 있는 사람보다도 더 자유롭거나, 국가의 부역으로부터 더 많이 면제된다고 생각하지는 않을 것이다. 코먼웰스가 군주국이든 민주적이든 상관없이 자유는 여전히 동일하다.(1권 286쪽)

공적 교리, 무역, 사유재산에 대한 통제에 있어서 (홉스에 따르면) 자연법이 규정한 것을 넘어서는 경우 특정한 프로그램을 추진하는 주권자의 권리에는 제한이 있지만, 이러한 한계는 백성들이 주권자에게 강제할 수 있는 권리로서가 아니라 주권자에게 부여된 도덕적 의무로서 이해되어야만 한다. 이러한 구별은 홉스에게 중요했는데, 주권자가 어떤 면에서 자연법을 어겼다고 해서 주권자에 대한 저항을 즉각적으로 주장할 수 없다는 것이 홉스의 이론이 지닌 중요한 일면이었기 때문이다. 다시 한번 우리는 자연 상태가 지닌 윤리적 특징과의 유사성을 견주어볼 수 있다. 자연 상태에서 다른 사람이 자연법을 어겼다는 사실(가령 술 취하는 것)이 그 사람을 공격할 더 많은 권리를 우리에게 부여하는 것은 아니다. 술을 마시고 취하는 것은 그의 입장에서는 멍청하고 자멸하는 행동이지만, 우리의 권리나 의무와는 무관하다. 시민들과 그들의 주권자의 관계도 이와 같다. 주권자가 시민들을 실제로 공격하기 전까지, 혹은 모든 정부 기구가 붕괴되기 전까지는 주권자의 행동은 시민들이 주권자에게 복종해야 하는지 여부를 결정하지 않는다. 사실 주권자의 무능이 지속되어 사람들의 적대감이 반란에 이르기까지 발전할 수 있겠지만, 그러한 반란은 반란군의 실제 생존이 위태로워지기 전까지는 도덕적으로 정당화될 수 없을 것이다.

주권자에 대항할 수 있는 시민들의 권리가 협소한 것은—자유주의의 근본적인 가정들과 현저하게 대비되는 것처럼 보이는(또한 실제로 그러한) 협소함—보통의 상황에서 사람들이 가진 권리의 일반적인 협소함과 밀접한 관련이 있다. 또한, 우리가 본 것처럼 그 협소함은 합의 가능하고 논리적이며 설득력 있는, 정교하고 복잡한 도덕 이론을 찾는 것이 불가능하다는 사실과도 밀접한 관련이 있다. 우리는 많은 근대 자유주의자들이 본능적으로 지지했던 도덕적 상대주의가 비자유주의적 정치를 야기했고, 이러한 사실이 그 최초의 옹호자들에 의해서 보편적으로 받아들여졌다는 사실을 직시해야만 한다. 이러한 정치적 결론을 피하려고 노력했던 확실한 사례인 로크는 단지 좀더 광범위하고 독단적인 윤리 이론을 가지고 있었기 때문에 비자유주의적 결론을 피할 수 있었다. 로크의 현대 독자들 대부분은 이 점을 모르는 체하는 경향이 있지만, 그러한 윤리 이론 없이도 로크식의 자유주의가 존속할 수 있을지는 여전히 의문이다.

종교

17세기의 정치적 급진주의자들만이 홉스를 무시무시한 국가권력 이론가로 이해했다. 하지만 홉스의 저작은 기존 체제를 부식시키는 것으로 볼 여지도 있었는데, 실제로 많은 보수주의자들은 이러한 이유에서 홉스의 저작을 거부했다. 홉스와 동시대 사람들에게 공히 그를 두렵게 만든 것은 1장에서 내가 강조한 바와 같이 **종교**에 대한 홉스의 관점이었다. 의심할 여지 없이 당대 이래로 홉스의 저작에 관해 대부분의 논쟁을 촉발한 것은 은밀했든 공공연했든 무신론자로서의 그의 평판이었다. 이 절에서 나는 홉스의 종교적 신념이 지닌 진정한 특징을 평가하고, 그의 생애 동안 그 신념이 변한 것처럼 보이는 이유를 설명하려고 한다. 하지만 우리는 홉스에게 있어 종교에 대한 **일반적인** 관점(신의 존재와 특징)과 **기독교** 신앙에 대한 관점을 구별해야만 한다. 전자는 그의 생애 동안 거의 바뀌지 않았지만 후자는 현저하게 변화했는데, 이러한 변화가 그의 독자들과 가장 큰 불화를 야기한 것 같다.

2장의 첫번째 절(과학)에서 본 것처럼, 신의 존재와 특징에 대한 문제는 데카르트에 대한 논쟁에서 중심적인 부분을 차지했다. 홉스는 1630년대 후반에 이 논쟁에 몰두했고, 1640년에서 1643년에 걸쳐 작성한 저술을 통해서는 자신의 신학적 입장을 명확히 했다. 이를 이해하기 위해서 우리는 우선 홉스가 자신의 형이상학에서 (이를테면) 정신이 작용하는 물질은 '환영'이나 정신적인 이미지들로 구성되고 이러한 환영이나 이미지들은 불가해한 외부적 힘에 의해 만들어진다고 주장했다는 사실을 기억해야 한다. 이 환영으로부터 외부세계에 대한 일반적인 특징들을 도출할 수 있다. 특히 세계가 서로 인과적으로 상호작용하는 물질들로 구성되었다는 사실을 비롯해서 말이다. 하지만 우리가 확신을 가지고 알 수 있는 것은 아무것도 없다. 신에 대한 홉스의 근본적인 주장에 따르면, 그와 같은 정신적 이미지를 형성하는 것은 절대적으로 불가능하다. 1641년 출간된 데카르트의 『성찰』에 대한 반박문에서 그가 말한 바와 같이,

신이 **독립적**(즉, 자존적)이라고 말하는 것은, 신은 내가 그 기원을 형상화할 수 없는 유형에 속한다고 말하는 것이다. 비슷하게 신이 무한하다고 말하는 것은, 신은 우리가 일정한 한계를 가지는 것으로는 인식할 수 없는 유형에 속한다고 말하는 것과 같다. 따라서 신에 대한 어떠한 관념도 성립하기 어렵다. 기원도 없고 한계도 없는 것은 어떤 종류의 관념인가?

홉스는 관례적으로 신에 속하는 것으로 여겨지는 성질들에 대해서도 똑같이 말할 수 있다고 『법의 기초』에서 언급했다. "그의 모든 속성은 그 성격에 대해 어떤 것도 인식할 수 없는 우리의 무능과 결함을 보여준다."(1부 10장 2절)

홉스에 따르면 철학은 오직 정신적 이미지들과 그것들

의 함의와 관련된 것이기 때문에 철학에서 신의 자리는 없다―단 하나의 예외를 제외하면 말이다. 홉스의 형이상학은 인과관계의 연쇄를 전제하는데, 세계에서의 모든 변화는 앞선 운동체에 의해서만 발생한다. 우리가 인지할 수 없는 시간상 먼 시점에―무한한 과거에―그러한 연쇄는 시작되어야만 하고 '최초의 원인'은 철학적으로 '신'으로서 표현될 수 있다. 여기서 우리는 홉스가 '무한'을 단순한 양으로서 인간이 실제로 셀 수도, 측량할 수 없는 것으로 여겼다는 사실을 알아야만 한다. "누군가가 어떤 것을 셀 수 없다고 말할 때 우리는 그 말을 이해했다고 여긴다. 우리는 그 말을 들으면서 미치광이가 되거나 형이상학자처럼 행동하지 않는다. 우리가 '무한'이라는 단어를 들었을 때도 마찬가지인데, 두 경우 그 의미는 같다."(『토머스 화이트에 대한 비판』fo. 330) 따라서 홉스는 무한한 과거에 최초의 원인이 실제로 존재했을 가능성을 받아들였다. 비록 홉스는 그 최초의 원인이 어떠한 것인지 말할 수 없었던 듯 보이기도 하지만, 오늘날 천체물리학자들에게 '빅뱅'이 지닌 역할이 홉스의 '신'과 같을지도 모른다. 여기서 요점은 자비로움과 전능함 같은, 신이 지닌 모든 관례적인 속성은 신에 대한 **철학적** 관념에서는 배제된다는 데 있다.

하지만 비인격적이고 철학적인 유형의 신은 홉스의 이론에서 여전히 중요한 역할을 한다. 첫째, 홉스는 자신의 모든 저서에서 '자연종교'가 존재한다고 주장했다. 우주를 만듦으로써 우리를 창조한 것이 무엇이든 그것은 우리가 상상할 수 있는 그 무엇과도 비할 데 없는 훨씬 강한 힘을 가지고 있고, 이러한 종류의 힘은 필연적으로 경배를 이끌어내는 것이 심리적 진리이다.(『시민론』15장 9절—이 장 전체가 자연종교에 대한 홉스의 논의를 다루고 있다.) 경배의 일환으로 우리의 느낌을 표현하기 좋은 언어는 무엇이든 사용할 수 있다. 다만 이 언어는 (어떠한 전통적인 종교의 언어든) "철학적 진리에 대한 표현이 아니라, 신을 찬양하고 찬미하며 영광을 돌리길 원하는 우리의 바람을 지배하는 마음의 상태를 선언하는 것이다".(『토머스 화이트에 대한 비판』fo. 396) 모든 종교는 이 불가해한 창조주를 경배하는 방법일 뿐이며, 각각의 교리와 실천은 경배의 행위로서 문화적으로 적절하다고 여겨지는 것은 무엇이든 가능하다. 그러한 것을 판단하는 제도는 물론 코먼웰스이다. "코먼웰스(키비타스), (바로 코먼웰스의 권능을 가지고 있는 사람들은) 어떤 **이름**이나 **칭호**를 신을 예배하는 데 사용할 수 있는지 혹은 아닌지를 결정할 수 있는 권리를 가지고 있다. 신의 본성과 작용에 대한 교리는 반드시 공적으로 지지되고 공언되어야 한다."(『시민론』15장 16절) 비록 한 사회에서 통용되는 특정한 종교는 정치적으로 결정될 사안이고 홉스는 루소에 이르러 절정을 이루는 전통인 '시민종교'를 주장한 마키아벨리와 같은 이론가들과 명백히 의견을 같이했지만, 마찬가지로 홉스는 신앙을 갖는 것이 합리적이라고 분명히 밝혔다.『시민론』14 장 19절에서 그가 명백히 한 바와 같이 무신론은 '죄'이지만, '경솔함과 무지'의 죄일 뿐이다. 홉스는 무신론이 철학적으로 설득력 있는 여타의 주장들을 부인하는 것과 같은 유형이라고 보았다.

더 나아가, 불가해한 창조주는 자연법의 창시자로 여겨질 수 있었다. 홉스는『법의 기초』에서 "법이란 (적절히 말해) 명령이기 때문에, 규칙들이 자연에서 비롯되었다면 그 규칙들은 명령이 아니다. 따라서 자연과 관련해서 그것들은 법이라고 부를 수 없지만, 자연의 저자인 전능한 신과 관련해서는 법이라고 부를 수 있다"(1부 17장 12절)라고 말했다. 홉스는 사람들이 스스로를 보존하기 위해서 합리적으로 따라야만 하는 원칙들을 '법'이라고 부른다는 사실에 항상 약간 곤혹스러워했다. 왜냐하면 '법'은 보통 **입법자**(lawgiver)의 존재를 암시하는데, '중력의 법칙'에서와 같이 '과학적 법칙' 혹은 '자연의 법칙'과 같은 용어가 어떠한 종교적 함의도 수반하지 않은 채 현대적으로 사용된 것은 홉스의 시대보다 어느 정도 나중의 일이었기 때문이다. 하지만 홉스는 법이 규정하는 것을 행하는 이유가 그것이 신의 명령이라는 사실에서 비롯된다는 (몇몇 현대 연구자들이 홉스의 의견으로 여기는) 주장을 발전시키지는 않왔다. 홉스의 주장에 따르면, 그러한 법칙들을 따르는 이유는 그 법칙들이 우리로 하여금 스스로를 효과적으로 보호할 수 있는 방법을 알려주는 일반적인 원칙들이기 때문이다. 자연법을 따라야 한다는 사실을 알기 위해 우리가 신이 존재한다는 사실을 알 필요는 없다. 왜냐하면 세계에 대한 참인 명제들을 알기 위해서 최초의 원인이 존재한다는 사실을 알 **필요**는 없고, 신에 대한 다른 종류의 관념은 철학에서 용인될 수 없기 때문이다. 홉스는 무신론을 무지의 죄로 규정하면서도 '부당함'의 죄라거나 '자연법에 반하는' 죄라는 점을 부정하면서 이러한 사실을 표명했다. 한편, 유대인의 경우처럼 만약 하느님이 정치적 주권자가 된다면, 이는 사실이 아니라는 점을 홉스가 받아들였을 것이다. 하지만 유대인의 사례는 분명히 특별한 경우였다.

자연종교에 대한 홉스의 관념은 정말로 이신론(理神論)적이라고 할 수 있다. 이신론과 시민종교를 결합한 홉스의 생각은 계몽주의 사고를 예견하는 것이었다. 계몽주의 작가들과 마찬가지로 홉스는 고대의 종교들을 모범으로 삼았는데, 『법의 기초』에서는 "그리스인, 로마인, 그리고 다른 이교도들 사이에서는 (…) 그들의 몇몇 시민법은 정의와 덕성뿐만 아니라 종교와 신에 대한 외적 경배를 규정하고 승인하는 규칙들이었다. 그것들은 시민법에 따르면 신에 대한 진정한 경배로서 존경받는 것(κατὰ τὰ νομινα(kata ta nomina))이다"(2부 6장 2절)라고 했다. 이처럼 고대의 종교는 서로 다른 종교들의 공통적인 핵심 사항인 창조주에 대한 최소한의 자연종교로서 도덕과 같이 국가의 영역에 속했다.

자연종교 또는 철학적 종교에 대한 이와 같은 협소한 정의는 홉스의 시대에 논쟁적이었지만, 특이하거나 이단적인 것은 결코 아니었다. 동시대의 많은 신학자들은 철학적 추론이 신에 대해 알려주는 것이 없다는 사실에 동의했을 것이다. 이성이 완전한 신학을 산출할 수 있다는 생각은 주로 아리스토텔레스주의자들이 가지고 있었고, 그들은 자신들의 철학을 통해서 합리적인 상식이 세계에 대한 모든 진리를 알려줄 수 있다고까지 주장했다(이 주장은 우리가 이미 감각 인식에 대해 논의하면서 보았다). 1640년에 이르러 구교와 신교 양쪽의 많은 정통주의 신학자들은 아리스토텔레스에 대해 비판적이었고 아리스토텔레스를 반박할 수 있는 회의주의에 보다 더 호의적이었다. 하지만 그들은 이러한 회의론과 자신들의 신학을 화해시켰다. 기독교적 신에 대한 믿음은, 관례적으로 신에 속하는 것으로 여겨지는 속성들과 더불어, 전적으로 **신앙**에 달려 있다고 주장하면서 말이다.

19세기가 '신앙주의(fideism)'라고 명명한 이러한 경향은 다양한 형태를 취했는데, 홉스의 신학을 이해하기 위해서는 홉스와 이 신앙주의자들 사이의 차이점을 알아야만 한다. 정통주의 신학자들 사이에는 대체로 세 종류의 서로 다른 신앙주의가 있었다. 가장 믿기 어려운 것인데(적어도 예전 세대에는 아마도 가장 보편적인 형태였겠지만) 첫째 종류의 신앙주의에 따르면, 기독교인이 된다는 것은 기독교적 신이 인간의 육신으로 나타난 것과 다시 부활할 것을 믿는 것이며 이러한 믿음에는 어떠한 이유도 없다. 비록 (신자에게 믿음을 허락하는 신의 선한 의지를 이야기함으로써) 나름대로 설명될 수는 있겠지만 말이다. 이것은 모든 사람들이 단지 그들 자신의 윤리적 헌신을 할 뿐이고, 특정한 종류의 윤리적 헌신을 선택하는 데 특별한 이유는 없다고 보는 태도와 유사하다. 따라서 이러한 태도와 같이 첫째 신앙주의는 상대주의와 다원주의로 귀결된다. 하지만 종교적 다원주의는 대부분의 정통주의 신학자들이 가장 원하지 않았던 것이었고, 이러한 반박에 대처하기 위해서 다른 두 종류의 신앙주의가 발전했다.

그중 하나는 특히 17세기 초 몽테뉴의 추종자였던 프랑스인 피에르 샤롱과 특별히 관련이 있었다. 많은 점에서 샤롱은 순수한 회의론자였고, 아리스토텔레스 철학에 대한 그의 비판은 르네상스 회의론자들에 의해 제기된 것 가운데 가장 설득력이 있었다. 하지만 샤롱은 자신의 회의주의를 기독교 신앙(특히 가톨릭)에 대한 옹호와 결합시켰는데, 여기에는 회의론의 기본 개념 가운데 하나가 사용됐다. 1장에서 본 것처럼, 몽테뉴나 립시우스 같은 회의론자들은 신체적 공격이나 정서적 혼란으로부터 자기 자신을 보호할 수 있는 것은 무엇이든 하라고 사람들에게 권유했다. 샤롱은 종교적 믿음이 심리적으로 매우 자족적이고 고무적이라고 주장했다. 신앙이 깊은 사람은 훨씬 자족하고 외부세계에 덜 불안해할 것이다. 또한 가톨릭 국가에 속한 사람은 가톨릭 신앙을 택함으로써 정서적으로뿐만 아니라 신체적으로도 더 안전해질 것이다. 믿음이 **진리**인지는 상관이 없었는데, 이러한 종류의 진리는 확정적일 수 없기 때문이다. 따라서 샤롱의 주장은 종교의 내용이 논리가 아닌 신앙의 문제라는 점을 전제했다고 할 수 있다. 하지만 신앙을 갖는 데에는 타당한 논리도 있을 수 있었다.

샤롱의 접근법은 특히 그의 모국에서 많은 기독교인들에게 인기가 있었는데, 대표적인 경우는 17세기 후반에 비슷한 종류의 기독교 옹호론을 정교화했던 블레즈 파스칼이다. 하지만 신앙주의의 초기 형태와 마찬가지로 이 또한 기본적으로 상대주의적이었다. 샤롱의 주장이 시사하는 바에 따르면, 나라와 시대가 다르다면 사람들은 당연히 다른 종류의 종교를 선택할 것이다. 그의 주장은 기존의 종교적 믿음과 관행이 분포된 것을 해명할 수는 있었지만, 동등하게 견줄 수 있는 교리들 가운데 냉혹한 선택의 기로에 있는 누군가를 전혀 도와줄 수 없었다. 게다가 샤롱의 주장은 회의주의에 취약했다. 파문 위기 동안 베네치아의 지도자였던 파올로 사르피(1장에서 본 바와 같이 홉스는 사르피를 추종하는 집단과 친했다)는 출간되지 않은 자신의 소견에서 이런 종류의 정치적이고 심리적인 이해 방식은 사람들로 하여금 어떠한 종교도 필연적으로 선택하게 만들지 않을 거라고 주장했다. 그가 보기에 고대의 국가들은 명예심과 애국심이라는 전적으로 세속적인 감각을 시민들에게 불어넣음으로써 매우 잘 운영되었다. 사르피는 종교의 사회적 효용을 부정한 최초의 체계적인 사상가라고 할 수 있다. 비록 홉스도 얼마간 그의 영향을 받았으리라고 볼 수 있지만, 홉스조차도 그런 주장을 하는 것은 꺼렸다.

마지막 종류의 신앙주의는 다른 두 종류의 접근이 야기한 문제를 피하려고 했다. 이 형태의 신앙주의는 주로 영국, 특히 1630년대 일단의 영국 신학자들과 관련이 있었는데 그 가운데는 홉스의 친구들이 많았다. 영국 국교회 신학의 고전 중의 하나인 윌리엄 칠링워스의 『프로테스탄트의 종교』(1638)는 이 마지막 입장을 특별히 잘 표현했다. (칠링워스는 내전이 일어나기 전 홉스와 각별한 사이였고, 1644년 의회파의 감옥에서 죽었다.) 칠링워스는 우리가 목격하지 않은 역사적 사건들을 믿는 것처럼 그리스도에 대한 다양한 종류의 이야기를 믿을 만한 충분한 이유가 있다고 주장했다. 신앙심을 갖기 위해 특별하고 불가사의한 종류의 믿음이 필요하다고 생각하면 오산이다. 신의 존재나 그리스도의 부활에 대한 진리는 논리적으로나 철학적으로 입증할 수 없고, 마찬가지로 헨리 8세의 과거 존재 여부도 증명할 수 없다. 하지만 우리는 무언가를 있는 그대로 믿을 만한 보편적이고 교차문화적인 논리들을 가지고 있다.

칠링워스와 그의 친구들은 이 문제에서 그로티우스와 입장을 같이했는데, 그로티우스는 1645년에 임종하기까지 마지막 20년의 시간을 기독교는 불가사의한 문제가 아니며 다른 종교의 비판자들로부터 변호될 수 있다고 주장하는 데 쏟아부었다. 그로티우스가 보기에 세계를 창조하고 돌보는 "적어도 하나인 신"에 대한 믿음은 자기보존의 원칙만큼이나 보편적인 인간 현상이며 따라서 의문의 여지가 없는 것이었다. 이것은 그로티우스의 '자연종교적' 토대였으며, 홉스의 경우와 그 정신에 있어서 매우 유사했다. 하지만 이 자연종교 또는 원시종교는 기독교에 의해서 보강되어야만 했다. 기독교는 역사적 기록에 잘 기초해 있었으며 동시에 추종자들의 입장에서 덜 논쟁적인 신념들을 요구—또는 요구해야만—한다는 점에서 다른 종교들에 비해 이점이 있었다. 그로티우스는 기독교를 복잡한 의례 규정을 지닌 유대교와 군사주의적 교의를 가진 이슬람과 비교했다. (그의 비판자 가운데 한 사람이 명명한 바에 따르면) '그로티우스적인 종교'는 내전에 임박했던 시기 국교회의 가장 상류 집단에 인기가 있었으며, 상대주의에 대한 해법으로서 최소주의 윤리학과 더불어 최소주의 기독교라는 목표가 세워졌다.

누구나 예상했겠지만 홉스의 초기 저작에서 두드러진 것은 바로 이 영국식 신앙주의였다. 『법의 기초』에서 홉스는 **지식과 의견**, 말하자면 확실한 믿음과 확실하지 않은 믿음을 구별했다. 그는 신앙을 "다른 사람들에 대한 신뢰"(1부 6장 7절)에서 나오는 의견으로 보았다. 다른 이들과 마찬가지로 홉스에게 핵심적인 문제는 기독교의 타당성에 대한 믿음의 지위였는데, 특히 성경에서 제시된 형태에 대한 것이었다. 홉스는 성경적 진리에 대한 믿음을 그 기록의 정확한 전승을 신뢰하는 것으로 설명했다.

> 성경이 하느님의 말씀이라는 사실을 인정하는 것은 (당연한 이치로서 분명한) 증거에 기초한 것이 아니라 신앙의 문제이다. 신앙은 (…) 다른 사람에 대한 신뢰에 있다. 우리가 신뢰할 수 있는 이들은, 전능한 하느님의 경이로운 위업을 직접 본 시대로부터 세대를 이어져 내려온 하느님 교회의 경건한 사람들이라는 점은 분명하다.(1부 11장 9절)

즉각적으로 이러한 입장이 지닌 명백한 문제들이 제기되었는데, 홉스는 이 모든 문제들에 답하려고 노력했다. 첫째 질문. 그의 일반 형이상학은 적어도 기독교의 전통적인 교리들을 불가능하게 하지는 않는가? 예를 들어 형체가 없는 물체의 가능성에 대해 부정하면서 성경에서 빈번하게 언급되는 '영혼'을 이해할 수 있는가? 이 문제에 대해 홉스는 한편으로는 우리가 신을 '영혼'이라고 이야기하는 것은 신을 물질적인 관점에서 생각할 수 없는 우리 무능력의 결과라고 주장했고, 다른 한편으로는 "비록 성경에서 영혼을 인정하지만 그 어디에서도 그것들이 비물질이라고 이야기하지 않았다"(1부 11장 5절)고 말했다. 홉스는 성경에 언급된 모든 사건들이 물질적으로 설명 가능하며, 그러한 설명은 기독교의 근본원리를 부정하는 것이 아니라고 보았다.

둘째 문제. 그렇다면 기독교의 근본원리는 무엇인가? 만약 우리가 성경을 권위 있는 것으로 받아들인다면 우리가 믿는 것은 무엇인가? 이 문제에서 홉스는 일생 동안 동일한 관점을 유지했다. 기독교 신앙에 따르면 우리는 "예수는 메시아, 곧 그리스도이다"라는 사실만을 믿으면 된다.(2부 6장 6절) 이 말을 통해서 홉스는 예수가 구세주라는 사실, 즉 이 땅에 그리스도가 존재했다는 사실이 그의 존재를 믿는 사람들로 하여금 영원한 생명을 얻게 만드는 것이라고 이해했다. 초기 저작에서 그는 영생이 어떻게 유물론적 형이상학과 양립할 수 있는지 설명하지 않았다. 하지만 『리바이어던』에서 (곧 보게 되겠지만) 두 가지가 양립한다는 사실을 보여주기 위해 애썼다. 기독교의 근본원리에 대한 홉스의 관점은 기본적으로 그로티우스의 관점과 유사했는데, 다시 한번 홉스는 그로티우스를 따라 최소주의의 길로 나아갔다.

셋째는 어느 면에서 핵심적인 문제라고 할 수 있다. 성경을 해석하는 데 누가 권위를 가지고 있는가? 우리는 기본적으로 성경의 기록이 역사적으로 정확하다고 확신하지만 이같이 복잡한 문헌을 이해하는 데에는 어려움이 존재한다. 또한 우리가 특정한 방식의 해석을 확신할 수 있는 일종의 근거가 필요하다. 우리의 사적인 판단은 이러한 근거가 될 수 있지만, 홉스는 줄곧 이 관점을 거부했다. 사적인 판단은 자연 상태를 괴롭혀온 의견의 무작위성을 틀림없이 되돌려놓을 것이기 때문이었다. 하지만 『법의 기초』와 『시민론』에서는 성경에 대한 해석의 권한이 (예상대로) **주권자**가 아니라 **교회**에 남아 있었다.

성경이 하느님의 말씀이라는 우리의 믿음은 교회에 대한 신뢰와 확신에서 비롯된다. 그렇다면 의심이나 논쟁이 일어났을 때, 같은 성경에 대한 교회의 해석은 예수님이 인간의 육신으로 왔다는 근본적인 사항을 문제삼지 않기에 모든 사람들은 자신의 해석, 즉 추론에 의한 것이든 영(靈)에 의한 것이든 자신의 고유한 의견보다 교회의 해석을 믿는 것이 더 안전하다는 사실에는 의심의 여지가 없다.(1부 11장 10절)

마지막 문제는 교회와 국가의 관계인데, 홉스는 자신의 초기 저작에서 두 가지를 주장했다. 첫째, 자연이성과 자연철학에 관한 문제에서 공적 믿음의 내용과 단어들의 의미를 결정하는 절대적인 권한이 (이전 절에서 설명한 부분에서 밝힌 이유로) 주권자에게 있어야 한다. 둘째, 기독교 신앙이 관련될 경우 비록 주권자의 공표가 시민들에게 권위를 갖지만, 기독교적 주권자 자신도 성경을 해석하는 데에서는 "적절하게 임명된 성직자들을 통해서"(『시민론』 17장 28절) 하는 것이 **의무**이다. 이것은 예수 자신이 구원에 필요한 교리들에 대한 해석의 무오류성을 "심판의 날까지 그의 제자들과, 그들을 따르고 그들의 손에 의해서 서임된 제자들과 성직자들에게"(같은 절) 부여했기 때문이다.

이처럼 홉스는 교회와 국가의 관계에 있어서만큼은 자신의 이론적 통합성을 굽혔는데, 공적 담론을 형성하는 일에서 (비록 자문의 역할이지만) 교회의 중요한 역할을 인정했기 때문이었다. 난해하고 논쟁적인 그의 유물론을 제외하면, 1642년까지 공개적으로 제시된 홉스의 종교 사상은 정통적인 국교회주의와 매우 유사했다. 홉스는 영국의 그로티우스주의자들처럼 최소주의 기독교를 원했으며, 칠링워스처럼 신앙을 역사적 기록에 대한 확신의 문제로 다루었다. 또한 모든 영국 국교회주의자들과 마찬가지로 홉스는 교리 문제를 다루는 주권자의 우위에 대한 믿음과, 주권자가 그의 시민들에게 강요해야만 하는 교리를 규정하는 사도 교회의 특별한 역할에 대한 헌신을 결합시켰다. 이런 점에서 1630년대 홉스의 많은 친구들이 독실한 성직자들이었으며 그들에게 『법의 기초』나 『시민론』에 대한 어떤 적대감도 없었다는 사실은 놀랍지 않다.

하지만 우리가 1장에서 보았듯이, 이 모든 것은 『리바이어던』의 등장과 함께 바뀌었다. 이때 홉스를 무신론자로 볼 수 있는 가능성이 진지하게 제기되었고, 이 혐의는 이후 그의 생애를 괴롭혔다. 마찬가지로 1장에서 보았듯이, 이러한 변화의 원인은 아마도 부분적으로 홉스가 가지고 있던 반(反)장로파 투쟁에 대한 열의에서 비롯되었을 텐데, 홉스는 이러한 투쟁에서 독립파의 승리가 우세하다고 판단했다. 하지만 다른 한편으로는 자신의 철학적 입장이 지닌 실제 의미를 홉스가 강하게 자각했기 때문이었을 거라고 생각한다.

홉스가 성경 해석에 대한 자신의 오래된 관점을 포기함으로써 이러한 변화가 일어났다. 명백히 기술적인 전환으로 보이는 이 변화는 홉스의 종교 이론에 극적인 차이를 만들어내기에 충분했다. 신을 제1동인으로 보는 철학적 관점이 바뀌지 않았던 것처럼 철학과 신앙을 근본적으로 구별하는 관점은 아무런 변동 없이 『리바이어던』에서 표현되었다. 하지만 홉스는 이제 장황하고 상세하게 성경에 대한 유일한 해석자는 정치적 주권자이며, **교회**에는 특별한 것이 없다는 점을 보이려고 노력했다. 『시민론』에서는 안수(按手)를 통해 예수로부터 이어진 사도적 계승이 강조되었지만, 이제는 정교한 학술을 바탕으로(이 가운데 대부분은 그로티우스가 출간한 신학 저작에 신세를 진 것이라는 점을 지적해야만 한다. 하지만 특유의 성격대로 홉스는 이 사실을 인정하지 않았다) 하찮은 것으로 치부되었다.(2권 42장 235-240쪽) 교회가 어떤 모습이어야 하는지, 그리고 부수적으로 성직자가 어떤 교리들을 가르쳐야 하는지와 관련된 문제는 이제 오직 전적으로 주권자의 **명령**에 의해 결정되었다. 주권자에게 특정한 성격 해석을 공표하도록 강제할 수 있는 다른 권위체는 존재하지 않았다. 단어들의 의미를 결정하는 주권자의 일반적인 권리는 이제 하느님의 말씀에 대한 모든 의미로 그 대상을 확장하게 됐다.

　여러모로 이러한 홉스의 입장은 그의 초기 입장에 비해 훨씬 이해하기 쉬웠는데, 이제 종교적 믿음이 주권자에 의해서 통제되는 다른 영역의 논쟁적인 믿음들과 같은 위상이 되었기 때문이다. 하지만 이 입장은 두 가지 특별한 결과를 만들어냈고, 둘 다 홉스의 예전 친구들을 불안하게 했다. 첫째는 교회 조직과 관련된 것이고, 둘째는 신학적 교리에 대한 것이었다.

첫째 문제와 관련해서, 홉스는 다음과 같은 자연스러운 결론을 도출했다. 만약 사도에 의해 제정된 교회에 어떤 특별한 것도 없다면, 주권자가 자신의 코먼웰스에서 통일된 교회를 유지하는 데 일반적으로 관심을 가질 이유는 **전혀** 없다. 교회의 힘과 영향력에 대한 그의 격렬한 분노는 일련의 장들, 특히 '어둠의 왕국에 대하여'라고 이름 붙인 『리바이어던』의 4부에서 두드러지게 표면화되었다. 이 부분에서 홉스는 여러 시대에 걸친 성직자들의 사악한 음모와, 성직자들이 (아리스토텔레스주의자와 같은) 거짓된 철학자들과 맺은 동맹이 야기한 치명적인 결과를 비꼬면서 맹렬하게 폭로했다. 그는 교회사에 대한 나름의 관점을 제시했는데, 이는 사르피가 그의 출간된 저작들에서 말한 이야기와 매우 유사했다. 이러한 관점에 따르면, 신도들의 자유로운 회합이 기만당해서 자신들의 판단을 사제들에게 양도했고, 그 사제들은 다시 주교들에게 이를 양도하고, 마침내 교황이 모두를 지배하는 제권(帝權)을 확립하게 되었다("**교황 제도**는 다름 아닌 멸망한 **로마제국**의 무덤 위에 왕관을 쓴 채 앉아 있는 유령이다."(『리바이어던』2, 47장 418-419쪽)) 하지만 적어도 영국에서만큼은 이 구조가 역순으로 해체되었는데, 종교개혁에서 시작해 독립파들의 승리에서 그 절정을 이루었다. 홉스는 한 구절에서 그들의 승리를 축하했다. 만약 누군가가 이 구절을 『리바이어던』에서 읽지 않았다면 그는 이를 로크가 쓴 것이거나, 관용에 대해 말한 다른 위대한 이론가들의 말로 여겼을 것이다.

이제 우리는 원시 기독교의 독립적인 형태로 돌아가 바울을 따르든, 베드로를 따르든, 아볼로를 따르든, 누구나 원하는 대로 믿을 수 있게 되었다. 따르는 목사가 누구냐에 따라 논쟁하거나 그리스도의 교리를 판단하지 않는다면(이는 바울 사도가 고린도교회 사람들을 책망한 결점이다) 가장 좋을 것이다. 첫째 이유는 사람의 양심을 지배하는 힘은 말씀 그 자체뿐이며 말씀만이 모든 사람들의 믿음을 움직일 뿐이기 때문이다. 이는 심는 사람이나 물을 주는 사람 뜻대로 되는 것이 아니라, 그것을 자라게 하시는 분, 즉 하느님의 뜻에 달려 있을 뿐이다. 둘째 이유는 작은 잘못을 해도 큰 위험이 초래된다고 가르치는 사람들이 각자의 이성을 가지고 있는 사람에게 다른 사람의 이성을 따르라고 하거나, 혹은 다수의 여론을 따르라고 하는 것도 불합리한 일이기 때문이다. 그러는 것은 자신의 구원을 운에 맡기는 것과 다를 바 없다.……(『리바이어던』 2, 47장 417쪽)

바로 앞의 절(정치)에서 내가 지적한 바와 같이, 요점은 홉스가 보기에 교회가 역사적으로 자신의 구성원들을 통제하기 위해서 행동한 것처럼 주권자가 그의 시민들에게 특정한 교리를 강요할 같은 이유가 전혀 없었다는 데 있다. 교리를 강요하는 주권자의 권리는 본질적으로 소극적인 것으로서 그 목적은 무엇보다도 **주권자가 아닌 존재**가 그와 같은 권리를 주장하는 일을 막는 것이었다. 교회(이 경우 로마 교회)가 사람들에 대한 권력을 가지고 있으면 어떤 일이 일어나는지에 대한 사례로 홉스는 가장 충격적인 근대의 사건인 갈릴레이에 대한 재판을 언급했다.

오늘날 우리의 항해에서 명백하게 나타난바, 과학을 배운 모든 사람들은 이제 지구에는 대척지(對蹠地)가 있다는 사실을 안다. 또한 해가 바뀌고 날이 바뀌는 것이 지구의 운동 때문이라는 것도 점점 분명해지고 있다. 그럼에도 불구하고 저술을 통해 그런 의견을 제시하고, 찬반의 이유를 설명한 사람들은 교회 권력의 탄압을 받았다. 왜 그들은 탄압받아야 했는가?(『리바이어던』 2, 46장 406~407쪽)

철학적 탐구에 대한 자유는 교회와 국가의 전통적인 균형 아래에서보다 교리에 대해 절대적인 힘을 지닌 정치적 주권자가 통치하는 분리된 교회들의 체제에서 보다 더 안전할 터였다.

하지만 홉스의 이론이 지닌 신학적 함의는 교회 조직에 대한 것보다도 훨씬 더 급진적이었다. 우리가 본 바와 같이, 그에게 종교적 믿음은 순수하게 신앙의 문제였다. 이 신앙이 기독교의 역사적 기록에 대한 독립적인 타당성을 믿는 문제인 한 그것은 상당히 관습적인 종교적 헌신으로 보일 수 있다. 하지만 신앙이 전적으로 정치적 주권자가 말한 것을 믿는 문제가 된 순간, 종교에 대한 대부분의 이해에 따르면 홉스는 종교를 전혀 갖지 않게 되었다. 이것이야말로 홉스를 무신론자로 비난했던 사람들이 걸고넘어졌던 부분이다. 1669년에 그들 가운데 한 사람이 말했듯이, "일단 정치적 권력이 성경에 부여한 것말고는 성경에 어떠한 권위도 없다는 사실을 당연히 여기자마자 성경은 곧바로 하느님의 말씀으로서 아무것도 가지지 못할 것이다". 홉스에게서 나타난 변화를 가장 정확하게 표현하자면, 그에게는 기독교를 포함한 모든 종교가 이제는 시민종교가 되었다고 말할 수 있을 것이다. 이처럼 그의 초기 저작에서 교회는 시민종교에 대한 대안을 제공했지만, 『리바이어던』의 논리는 이 대안을 파괴했다.

동시대 사람들이 특별히 이 문제에 예민하게 반응했는데, 우리가 앞서 본 것처럼 그들은 이미 한 사회의 종교를 순전히 시민 정치의 문제라고 주장했던 마키아벨리라는 한 사람의 사례를 알고 있었기 때문이었다. 마키아벨리는 기독교가 정치적 관점에서 특별히 만족스러운 종교가 아니라고 주장했으며 고대의 종교와 같은 것들이 훨씬 더 좋을 수 있다고 암시함으로써 이전 세대 사람들에게 충격을 주었다. 홉스는 이제 이처럼 종교적 교리를 무신경하게 취급하는 태도를 철학적으로 정당화하는 것처럼 보였다. 1650년대와 1660년대에 홉스를 이와 같은 방식으로 읽으며 만족스러워했던 많은 사람들도 있었다. 좋은 사례로 헨리 스터브가 있는데 그는 옥스퍼드에서 홉스를 따르는 추종자였으며 정치적 이유에서 이슬람이 기독교보다 서구 국가들이 채택하기에 보다 좋은 종교가 아닌지 심각하게 고려했다.

마키아벨리나 스터브와 마찬가지로, 그러나 (가령) 사르피와 달리, 홉스는 시민사회가 종교를 가지지 않는 것이 바람직하다고 주장하지는 않았다. 『리바이어던』 라틴어판의 (분명히 비평가들의 반대를 논박하기 위해 고안된) 부록에서 홉스는 일부 종교는 시민사회에 필요하다고 주장했는데, 그것은 계약과 정치적 충성을 유지하는 데 있어서 맹세(말하자면 신에 대한 약속)가 지닌 효용 때문이었다.(app. II. p. 352) 하지만 맹세는 비록 중요하긴 했지만, 계약의 효력에는 아무런 보탬이 되지 않는 것으로 『리바이어던』 본문에 명시적으로 제시되었으므로 이 주장은 어느 정도 유보적인 태도로 다루어져야만 한다. 홉스가 지속적으로 주장했던 것은 합리적인 주권자는 자신의 시민들을 위해서 '자연적인' 신을 경배하는 수단으로 **몇몇** 종교를 조직할 것이라는 점이었다. 하지만 자연적인 신은 그것의 존재에 대해 아무것도 진정으로 단정할 수 없는 비인격적 창조자였기 때문에 이러한 주장은 동시대 대부분의 독자들이 상상할 수 있는 만큼 무신론에 가까웠다. 홉스의 종교관은 결국 루소, 자코뱅주의, 혹은 19세기 초 사회주의자들의 종교관과 유사해졌다.

물론 홉스의 입장에는 확실히 모순이 있었다. 대체적인 그의 이론은 홉스로 하여금 특정한 종교적 믿음이 아니라 주권자에 의해서 강제된 믿음(혹은 주권자가 경쟁을 허락한 믿음들 사이에서의 자유로운 선택)에 헌신하게 만들었다. 하지만 홉스가 단언한 바와 같이 17세기 영국에서 주권자에 의해 강제된 시민종교는 오직 성경에 근거한 기독교였다. 따라서 자신의 지적 입장이 지닌 일관성을 보여주기 위해서 홉스는 자신의 일반적인 이론과 성경이 양립한다는 사실을 충분히 입증해야만 했다. 홉스는 이전에도 어느 정도 피상적으로 이 작업을 수행했지만, 『리바이어던』에서 처음으로 기독교적 믿음이 자신의 형이상학에 초래한 문제들을 해결하려고 진지하게 노력했다. 이 기독교적 믿음이란 영원한 삶이 진정한 신자를, 영원한 지옥이 믿지 않는 자들을 기다린다는 것이었다.

『리바이어던』 38장에서 홉스는 기본적으로 기독교가 비물질적 존재의 가능성을 암시하지 않는다고 주장했다. 만약 아담이 죄를 짓지 않았다면 인간은 이 땅에서 영원히 살 수 있었다. 아담의 죄(어떤 식으로든 홉스는 이를 분석하려고 하지 않았다)로 인해 인류는 죽을 수밖에 없는 존재가 되어버렸다. 하지만 예수의 죽음은 인류를 구원했다(여기서도 홉스는 이와 관련된 어떤 원리도 명시하지 않았다). 언젠가 예수는 이 땅에 다시 와서 죽은 자들을 일으켜 그들에게 물질적인 존재를 되돌려줄 것이다. 그때 예수는 믿는 자들을 영원히 살게 할 것이고, 믿지 않는 자들은 두번째이자 마지막 심판인 사망을 선고받을 것이다. 인간의 '영혼'에는 독립적인 삶이 존재하지 않는다. 다르게 말해, 영원한 삶은 반드시 육체와 거주의 장소를 가져야만 한다. 이러한 관점은 실제로 기독교적 범위에서 완전히 벗어난 것은 아니었다. 몇몇 초기 기독교인들은 이와 매우 유사한 것을 믿었고, 홉스의 시대에 '필멸론(mortalism)'이라고 알려진 이단은 (아마도 존 밀턴을 포함해서) 급진적인 프로테스탄트 사이에 많은 수의 지지자를 확보하고 있었다. 이들은 영혼이 육체 밖에서 '살 수' 없다고도 주장했다.

홉스의 오랜 친구들은 『리바이어던』의 신학을 조롱했는데, 그들에게 동조하지 않기는 쉽지 않다. 38장에서 제시된 일종의 유물론적 종말론은 기독교와 거의 양립할 수 있지만, 어떤 종류의 물리적 과정이 이러한 결과를 만들어내는지에 대해서는 많은 부분 설명되지 않아서 홉스의 철학 전체와 잘 통합되었다고 볼 수 없다. 우리가 이미 본 것처럼, 홉스는 스스로 유물론적 기독교를 만들어내야 하는 정치적 의무가 있다고 믿었다. 하지만 이 과업의 부담은 그의 (아마도 상대주의적 또는 회의주의적일) 접근 방법이 지닌 핵심적 딜레마를 생생하게 보여준다.

이 딜레마는 다음과 같이 설명될 수 있다. 몽테뉴와 그 추종자들의 회의론과 마찬가지로 홉스가 지녔던 특유의 후기 회의주의는 국가의 법과 관습을 순종적으로 따라야 한다는 결론에 다다랐다. 어떤 면에서 홉스는 몽테뉴보다 더 나아갔는데, 그는 실제로 이러한 법과 관습을 **내면화**해야 하고, **정말로** 믿거나 적어도 **지적인** 권위를 가진 것으로 받아들여야 한다고 주장했기 때문이다. 하지만 이 법과 관습은 애당초 상대주의자였던 사람의 원칙과 근본적으로 양립할 수 없는 신조들을 포함해야만 했다. 그렇다면 우리는 어떻게 해야 할까? 홉스는 이 딜레마를 결코 해결하지 못했다. 또한 이 딜레마는 다음과 같은 지극히 역설적인 사실로 그 모습을 드러냈다. 국가권력에 대한 절대적 복종을 강조한 위대한 사상가는 바로 그 국가에 의해서 이단과 무신론자로 낙인찍히는 공포 속에 말년을

보내야 했던 반면, 국가에 대항해 무기를 든 사람들은 풍파 없
는 삶을 영위했던 것이다.

제 3 장

홉스에 대한
해석들

근대 자연법 사상가로서의 홉스

명백히 홉스와 같은 위상을 가진 철학자라면 누구라도 그이후의 철학이 형성되는 데 한 역할을 담당한다. 어떤 후계자도 홉스를 철저하게 모르는 체할 수 없었으며, (로크가 그랬다고 여겨지는 것처럼) 그들이 그렇게 하는 것처럼 보이는 곳에서조차 그 침묵은 매우 의미심장했다. 그럼에도 불구하고 후대철학자들에게 홉스의 중요성은 오락가락했고, 그의 저작들은홉스 사후 오늘날까지 300년 동안 동일한 관심과 주목을 받으며 읽히지는 않았다. 이 장에서 나는 홉스 사후 제시된 그에대한 해석 가운데 보다 중요한 것들을 검토할 예정인데, 근대철학에 끼친 홉스의 영향에 관한 완전한 역사를 제시하려고시도하지는 않을 것이다. 왜냐하면 그와 같은 역사는 결국 근대 철학사 자체가 될 것이기 때문이다.

홉스를 진지하게 대하고 그에게 우호적이었던 첫 세대 독자들은 홉스가 지닌 역사적 위상에 대해 명확히 알고 있었다. 17세기 후반과 18세기 초반에 근대 철학의 역사를 서술하려는 다양한 시도가 있었는데, 이러한 저술이 시도된 것은 고대 이래로 처음이었다. 이러한 저작들의 등장은 많은 동시대인들이 무언가 특별하고 새로운 것이 지성계에 일어났다는 사실을 인식하고 있었음을 시사한다. 하지만 그러한 변화는 고대로부터 남겨진 범주들, 가령 '아리스토텔레스 철학'과 같은 것들을 이용해서는 포착될 수 없는 것이었다. 근대 도덕철학사에 대한 최초의 개략적인 개요는 홉스의 생전에 독일인 사무엘 푸펜도르프에 의해서 제시되었다. 그는 1672년 출간한 『자연법과 국제법』에서 자신의 논쟁적인 윤리 사상을 그 기원이라고 할 수 있는 것들을 서술함으로써 옹호했다. 푸펜도르프가 개략적으로 수행한 작업은 이후 50년간 특히 독일과 프랑스의 저자들에 의해서 정교하게 다듬어졌는데, 이러한 정교화는 푸펜도르프의 사상이 다양한 종류의 교과서에서 표준적인 설명이 되고 거의 모든 유럽 사람들에게 당연하게 여겨질 때까지 계속되었다.

이런 종류의 역사에 따르면, 근대 도덕철학은 후고 그로티우스와 함께 시작되었다. 이들 저자 가운데 한 사람의 표현대로 그로티우스는 아리스토텔레스라는 겨울이 끝나고 "처음으로 얼음을 깬 사람"이었다. 아리스토텔레스뿐만 아니라, 고대와 중세의 모든 사상가들이 중요한 점에서 결함이 있었다. 즉, 푸펜도르프에 따르면 아리스토텔레스의 『니코마코스 윤리학』은 "인간 행동의 원칙들을 다루지만 명백히도 그리스 **폴리스**(polis)에서 시민들이 지닌 의무 외에는 다루지 않는다". 키케로와 같은 다른 철학자들도 일정 정도 이와 같은 지방적 편협성(localism)의 혐의가 있었다. 카르네아데스 같은 고대의 회의론자들과 몽테뉴 같은 근대 회의론자들은 모두 이러한 결점들을 분명한 형태로 밝혔다. 그로티우스의 큰 장점은 그가 회의론의 도전에 맞서서 독단적이지 않은 방식으로 그 해답을 모색한 최초의 도덕철학자였다는 사실에 있었다.

이러한 역사는 계속되어 그로티우스의 기획은 처음에 두 명의 영국인에 의해서 이어졌다. 첫째는 존 셀든으로 그는 유대인들의 자연법 이론에 대한 광범위하고 복잡한 저작을 출판했다. 둘째는 홉스였다. 전체적으로 보아 이러한 역사들은 홉스의 모습을 균형감 있고 세심하게 그렸다. 가령 푸펜도르프는 홉스의 신학과 그의 윤리학 일부에 비판적이었지만, 근대 도덕철학에 대한 많은 근본적 원리들이 "홉스의 저작들이 아니었다면 제기되지 못했을 것"이라고 지적했다. (이와 같은 발언으로 인해 푸펜도르프는 자신의 비판자들에게 홉스주의자

Hobbist로 불렸다.) 푸펜도르프에게 영감을 받은 이들 역사에서 홉스에 대한 해석은 역사 저술가들이 보기에 홉스가 믿었던 다음과 같은 명백한 사실들을 집중적으로 다루었다. 즉, "자기보존과 자기 이익은 시민사회의 근본적인 원인이다". 또한 "오직 주권자의 의지만이 정의와 부정의라고 부르는 것뿐만 아니라 종교까지도 제정하며, 『리바이어던』의 권위가 (…) 신적 계시에 법의 효력을 부여하기 전까지 어떠한 계시도 양심을 구속할 수 없다".(이 인용문의 출처는 스위스 신교도인 장 바르베라크가 18세기 초에 쓴 역사서다.) 결론적으로, 홉스는 무신론자에 가깝다거나, 적어도 진실한 기독교인이라기보다는 명백히 이신론자라는 데 일반적인 합의가 있었다.

이 모든 이유에도 불구하고 홉스는 그로티우스로부터 시작해 푸펜도르프를 거쳐 (분명하게) 존 로크에 이르러 정점을 이루는 학자들의 순서에서 한가운데에 확고한 위치를 점하고 있었다. 이들은 모두 어떤 점에서 공동의 과업을 수행한 것처럼 보인다. 나중에 명백히 드러나겠지만, 도덕철학에 대한 17세기 초반의 역사는 앞서 이 책에서 제시한 설명 방식과 유사하다. 홉스가 그로티우스가 제시한 윤리적 개념들에 설득력 있는 이론적 기초를 제공하려 했고 그러한 과정에서 그 관념들을 변형시켰다고 보는 것은 많은 면에서 설득력이 있다. 또한 푸펜도르프와 로크가 비슷한 일에 관여했다고 보는 것도 타당하다. 게다가 17세기 후반과 18세기 초 홉스의 종교관에 대한 견해는 이러한 해석에 호응한다. 비록 우리가 조금 전에 본 것처럼 이 주제에 대해서는 주의할 점과 모호한 점이 있지만, 아무도 홉스를 관습적인 의미에서 신을 믿는 사람이라고 보지는 않았다. 실제로 무신론자로서의 비밀스러운 홉스의 평판으로 인해서 18세기 프랑스의 무신론계에서는 그의 이름을 달고 소책자들이 유통되기도 했다. 하지만 그와 같은 평판으로 인해 근대 철학의 신전에서 홉스의 자리가 사라진 것은 아니었다. 상당한 정도의 종교적 이단설은 18세기 근대 도덕 철학의 역사에서 갈채를 받은 거의 모든 저자들 사이에 사실상 일반적인 것이었다.

다른 한편 이들 역사학자에게 홉스가 무제한적인 주권 권력을 주장했다는 사실에는 의문의 여지가 없었다. 제약받지 않는 권위에 반대했던 사람들은 '근대 자연법' 전통에 속한 다른 인물들—로크는 분명한 사례이고 그로티우스와 푸펜도르프도 어느 정도 해당되는—을 지지했을 테지만, 이 주제에 대해서 홉스를 지지할 수는 없었다. 18세기 영국인들이 홉스에게 보인 서로 다른 반응을 통해서 우리는 이러한 사실을 알 수 있다. 18세기 영국 정치를 지배하고 있던 휘그당은 스스로를 절대군주제에 반대한 17세기 급진주의 전통의 후계자로 여겼으며, 그들 중 홉스에 열광한 사람은 거의 없었다. 반대로 토리당은 국교회와 긴밀히 연계되어 있었기 때문에 마찬가지로 홉스에 적대적이었다. 공개적이고 열성적으로 홉스를 읽은 유일한 집단은 어떤 점에서 '당을 초월하려고' 노력했던 사람들로서 특히 젊은 조지 3세의 조력자들이었다. 영어로 저술된 홉스의 도덕 및 정치 저작들을 멋진 2절판 책(1750)으로 한데 묶어 새롭게 펴낸 사람도 이들 중 한 사람인 (후일 버트 백작으로 조지 3세의 주요 선전가로 이름을 날리게 되는) 존 캠벨이었다. 그는 이 책의 서문에서 홉스를 중상모략으로부터 옹호하고자 했다.

하지만 이들 세력은 상대적으로 미약했다. 심지어 홉스의 이단적인 종교적 관점을 공유한 사람들에게조차 홉스에 대한 태도를 훨씬 더 대표적으로 보여주는 것은 『영국사』에서의 데이비드 흄의 발언이었다(흄은 '로킹엄 휘그당'의 지지자였으며 이 정부는 버트 백작을 축출했다).

오늘날 그는 심히 무시되어왔는데 (…) 홉스의 정치학은 오직 전제정치를 증진하는 데 알맞고 그의 윤리학은 부도덕함을 고양시키는 데 알맞다. 그는 종교에 적대적이지만 회의주의적인 정신은 전혀 갖고 있지 않다. 반대로 인간 이성이, 구체적으로는 자신의 이성이, 이들 주제에 대해 철저한 확신을 가질 수 있다는 듯 낙관적이고 독단적이다.

11. 르냉의 〈아카데미〉 혹은 〈애호가들의 모임〉. Louvre

하지만 홉스에 대한 이러한 비판에는 단순히 휘그당이 가진 편견 이상의 것이 있었다. 18세기 후반에 근대 철학의 신전 전체가 무너졌고 그 잔해 위에 새로운 구조가 세워졌다. 흄은 이 파괴 과정을 시작했던 사람이었다. 그의 동시대 사람들과 (잠깐은) 친구 사이였던 장자크 루소가 이 작업을 계속했고, 마지막 정리는 이마누엘 칸트에 의해서 이루어졌다. 흄은 자신의 『인성론』(1739~40)〔한국어판은 『인간이란 무엇인가』, 동서문화동판(동서문화사), 2009〕에서 앞서 자연법을 연구한 모두에게 비판적이었는데, 그들이 특정한 믿음과 관행에 대한 실제적인 보편성을 시사하면서 회의론자들에게 잘못 대답했기 때문이었다―그것은 바로 스스로를 방어하는 성향과 자기방어는 도덕적으로 정당하다는 믿음이었다. 흄이 강조한 바와 같이 그러한 유형들의 어떠한 **증거**도 누군가의 도덕적 태도가 형성되는 것과 관련이 없었다. 모든 사람들이 특정한 방식으로 생각하고 행동한다는 사실로부터 내가 그렇게 해야 한다는 결론이 도출될 수는 없었다. 따라서 인간 심리와 문화적 사실들에 대해 강조하는 근대 자연법 이론의 전체적인 기획은 새로운 종류의 회의주의적 비판에 취약했다. 새로운 종류의 회의론은 윤리적인 사고에 있어서 사실의 적실성을 부정했다고 할 수 있다. 홉스뿐만 아니라 그로티우스와 푸펜도르프, 로크도 이 새로운 취약성을 지니고 있었다. 비슷한 논점이 루소의

『사회계약론』〔한국어판은『사회계약론』, 후마니타스, 2018〕에서
도 덜 직접적인 형태로 제기되었다. 루소는 '자연 상태'의 인
간들은 도덕적 권리를 가지고 있다거나 도덕적 의무 아래 있
다고 생각될 수 없다고 주장했다. 왜냐하면 도덕성은 정치적
공동체에서 인간이 발명한 것이기 때문이며, 그와 같은 공동
체가 민주적 공화정에 적절히 기초할 때에만 권위를 가질 수
있기 때문이다. 이처럼 자연주의 윤리학은 그 용어에서부터
모순적이었다.

칸트는 흄과 루소에 기초해 모든 분야에서 18세기 자연주
의에 대한 비판을 완성했다. 하지만 칸트는 더 나아가 근대 철
학에 대한 역사를 명시적으로 거부했다. 칸트의 눈에 그로티
우스와 푸펜도르프는 특별한 지적 역할이라곤 없었던 '안쓰
러운 위로자'였다. 고대로부터 그의 시대까지의 철학에 대한
역사는 하나의 서사를 가지고 있었는데, 그것은 후일 '경험주
의자'와 '합리주의자'로 명명된 사람들 간의 경쟁에 대한 이야
기였다. 경험주의자들은 그들의 논리를 경험의 기초에 둔 반
면, 합리주의자들은 경험으로부터 독립해서 형성되는 정신적
관념에 그들의 논리를 두었다. 칸트는 자신의 철학을 통해 이
논쟁을 새로운 맥락에 위치시키려 했으며, 특히 도덕적 판단
과 사실의 문제 사이의 엄격한 구별을 강조했다. 칸트에 따르
면, 17세기의 모든 학자들은 이 구별을 완전히 혼란스럽게 만

들어 명확한 근거 없이 인류학이나 심리학을 윤리학과 뒤섞어버렸다. 그에 따르면, 도덕적 판단은 인간 심리의 특성을 포함해 세계의 물질적 특징에 대한 우리의 믿음에 오염되지 않은 형태로 순수하게 형성되어야 한다.

칸트 철학이 부상한 결과 (칸트는 곧바로 대륙 철학 전체에 모델이 되었기 때문에) 도덕철학에 대한 오랜 역사는 곧 잊혔고 그로티우스와 푸펜도르프가 지닌 중요성도 간과되었으며, 홉스와 여타 자연법 학자들 사이의 유사성도 관심을 받지 못했다. 칸트 철학 이후의 역사에서(가장 두드러진 사례인 헤겔의 『철학사 강의』를 포함해서) 홉스는 로크가 가장 저명한 인물로 자리매김되어 있는 영국의 '경험주의' 학파 가운데 상대적으로 중요도가 적은 공헌자로 취급되었다. 덧붙여 칸트와 그의 계승자들이 기독교 신앙을 진지하게 받아들였다는 사실로 인해 그들이 홉스에게 받은 감명은 푸펜도르프나 바르베라크 세대 사람들보다 덜했다는 점도 지적해야만 하겠다.

영국에서 칸트의 영향력은 훨씬 적었지만, 마찬가지로 근대 철학의 옛 영웅들은 심한 비판에 직면했다. 이번에는 제러미 벤담이 이끄는 공리주의자들이 제기한 비판이었는데, 그로티우스와 푸펜도르프에 대한 그들의 혹평은 사실 칸트가 제기한 비판과 유사했다. 벤담은 흄과 루소를 자신의 철학적 영웅으로 삼았고 홉스에 대해서는 거의 언급하지 않았지만,

후기 공리주의자들, 특히 벤담의 추종자였던 제임스 밀 같은 사람들은 홉스 철학의 일부 요소들이 자신들의 철학을 예견했다고 이해하기 시작했다. 공리주의자들은 사람들이 자신이 처한 특별한 상황에서 얻어낸 '쾌락'이나 '효용'의 서로 다른 양은 비교 가능하다고 여겼으며, 공적 정책은 (그 유명한 구절대로) '최대 다수의 최대 행복'을 유지하기 위해 추진되어야 한다고 주장했다. 이러한 주장은 필연적으로 일부 사람들은 자신들의 관심이나 행복을 보다 광범위한 효용을 위해서 희생해야 하며, 자신들의 관심을 공동체의 나머지 사람들의 관심에 정치적으로 종속시켜야 한다는 결론으로 이어졌다.

이처럼 시민들의 의지를 공리주의적 규범에 굴복시킬 수 있는 전능하고 중립적인 주권자가 필요하다는 감각이 생기자 공리주의자들은 홉스의 진가를 인정하며 그를 해석할 수 있게 되었다. 하지만 홉스의 **도덕** 이론은 공리주의자들의 이론과 달리 한 사람의 효용을 보다 넓은 집단적 이익에 종속시키기는커녕 서로 다른 사람들의 효용들을 비교할 수 있다는 어떠한 암시도 제시하지 않았다. 우리가 본 것처럼 홉스는 일종의 자유주의자인데, 이 말인즉슨 공적 정책은 모든 시민들에게 특정한 수준의 복지(홉스의 경우 생존 수준)를 보장해야만 하고 그러한 수준이 보장된다면 시민들에게 추가적인 정책을 강요해서는 안 된다고 홉스가 믿었다는 의미이다. 비록 우리가 보았듯이 보편적인 생존이라는 목표를 보장하기 위해서는 사람들의 삶에 대규모의 개입이 사실상 필요하지만 말이다. 게다가 그 누구도 단지 더 많은 사람들의 삶을 위해서 특정한 수준 이하(죽음)로 전락하는 일을 도덕적으로 강요받아서는 안 된다. 하지만 그와 같은 도덕적 의무는 공리주의의 본질이다. 이처럼 홉스를 흠모한 공리주의자들은 사회적 목표를 보장하는 국가의 권리에 대한 그의 설명을 빌려 오면서도 그러한 사회적 목표가 무엇이어야 하는지에 대해서는 자신들의 설명을 끼워 넣었다.

이러한 공리주의적 관심은 홉스에 대한 최초의 현대적 연구를 낳았다. 현재까지도 인정받는 홉스 저작의 표준 판본은 1839~1845년에 윌리엄 몰스워스가 출간했다. 그는 의원이었으며, 조지 그로트와 제임스 밀, 존 스튜어트 밀 같은 당대의 선도적인 공리주의 정치인들의 추종자였다. 몰스워스가 홉스의 사상과 맺은 진정한 관련성은 다음과 같은 사실에서 눈에 띄게 드러난다. 몰스워스는 메이누스(Maynooth)에 있는 아일랜드계 로마 가톨릭 대학에 대한 영국 정부의 보조금 지급─영국의 공적 생활에 남아 있었던 국교회 지배 체제의 잔재에 대한 싸움에서 유명한 쟁점─을 지지한 이후, 그가 1845년 사우스워크 선거에 나섰을 때 토리당 반대자들로부터 "홉스 반대!"라는 고함소리를 들었다. 그로트와 존 스튜어트 밀은 홉스에 관한 현대적 학술 평전을 최초로 펴낸 조지 크름 로버트슨의 멘토이기도 했다. 로버트슨의 『홉스』(1886)는 여전히 읽을 가치가 있다.

비록 (몰스워스가 사우스워크에서 겪었던 경험이 보여주듯) 영국에서의 국가는 구체제 정치의 흔적을 파괴하는 일에서 여전히 반대에 직면해 있었지만, 그 어려움은 대륙유럽의 근대국가들이 직면한 문제들에 비하면 아무것도 아니었다. 독일에서 다시금 홉스에 대한 관심이 대부흥을 맞을 수 있었던 것은 이들 문제와 홉스가 관련이 있다는 인식 때문이었다. 또한 이러한 인식으로 인해 특히 오늘날 가장 권위 있고 자세한 홉스의 지성사적 발전에 대한 연구가 이루어졌는데, 그것은 페르디난트 퇴니스의 작업이었다. 1870년 비스마르크에 의한 통일 직후 많은 독일 사회주의자들은 새로운 국가를 사회주의의 이상을 증진하는 데 이론적으로 활용할 수 있는 대상으로 기꺼이 받아들였다. 왜냐하면 (영국의 로버트 오언 같은) 초기 사회주의자들은 훨씬 더 무정부주의자에 가까워서 국가에 의해 사회주의적 유토피아가 갑자기 등장하는 것에 극도로 경계했던 반면, 이들 독일 사회주의자는 국가를 사용해 자본주의적 착취 세력들을 박살 낼 수 있을 거라고 생각했기 때문이다. 마치 비스마르크가 국가를 동원해 귀족과 교회의 특권을 박살 낸 것처럼 말이다.

퇴니스는 페르디난트 라살레의 추종자였는데, 라살레는 이러한 노선을 따르기를 주장했다. 또한 퇴니스는 이런 방식으로 국가를 동원하는 것을 이론적으로 옹호하는 데 홉스가 활용될 수 있다고 여겼다. 자본주의적 기업들과 그들의 경쟁적인 행태는 과거 종교적 불화가 그랬던 것처럼 사회적 평화와 개인의 자유를 위협했다. 1877년 이래로 퇴니스는 홉스에 대한 연구를 수행하여 (『법의 기초』의 필사 원본을 포함해) 영국에서 많은 원고들을 발견했으며, 그 자신의 연구 성과를 일련의 논문들과 1896년의 한 책으로 출간했다. 하지만 퇴니스는 다른 많은 독일인들처럼 사회주의를 증진하는 데 있어 국가의 잠재적인 역할에 대한 확신을 서서히 잃어갔고, 오히려 근대 국가에 대한 비판으로 돌아섰다. 그 비판에서 홉스는 영웅이기보다는 악역을 맡았다. 홉스는 합리주의적이며 계약적인 관계들로 구성된 세계의 막을 올렸고, 자발적인 공동체로부터 떨어져나간 것처럼 보였다. 사회주의는 이제 공동체들을 다시 그리워하고 국가를 멀리해야 했다. 홉스가 계약의 세계, 즉 독일어로 게젤샤프트(Gesellschaft)라고 부르는 사고방식을 발명하고, 공동체의 세계, 즉 게마인샤프트(Gemeinschaft)라는 사고방식과 절연했다는 점에서 홉스를 근대성의 수호신으로 보는 의식은 퇴니스 이래로 널리 퍼졌다 — 비록 퇴니스는 그로티우스도 마찬가지 역할을 수행한 것으로 여겼지만. 이처럼 홉스에 대한 퇴니스의 접근법은 한 세기 이상이나 그랬던 것보다 홉스의 초기 독자들의 방식에 훨씬 가까웠다.

비록 퇴니스 자신은 홉스의 도덕사상과 정치사상에 집중했지만, 홉스의 필사본에 대한 그의 연구는 홉스의 과학철학이 지닌 대단히 광범위한 범위와 영향력을 드러냈다. 여기에 덧붙여 홉스와 여타 위대한 근대 과학철학자들 사이의 관계를 주의 깊게 연구한 사람은 덴마크인 프리시오프 브란트였다. 그는 1928년에 자신의 연구 성과를 『토머스 홉스의 기계론적 자연관Thomas Hobbes's Mechanical Conception of Nature』이라는 책으로 출간했다(퇴니스는 이 책을 원고 형태로 읽었으며 높이 평가했다). 퇴니스의 연구들이 홉스의 정치사상에 대한 현대적 연구의 기초가 되었던 것처럼, 브란트의 책은 이후 이어진 홉스의 과학철학에 대한 연구의 기반이 되었다. 홉스와 동시대인들의 관계나 홉스 자신이 저술에 임했던 역사적 상황을 깊이 연구하는 이러한 종류의 학술 방식이 홉스에게 다시 적용된 것은 오늘날에 이르러서였다. 이런 점에서 홉스의 운명은 다른 위대한 정치사상가들과 유사했는데, 1930년부터 1965년까지의 시대는 이전 세대를 사로잡았던 정교하고도 학술적인 유형의 역사 연구에 대해 전반적으로 무관심했던 것으로 잘 알려진 시기였기 때문이다.

근대성의 악령으로서의 홉스

하지만 이 시기 동안 저자들이 역사적 쟁점에 전혀 관심을 갖지 않은 것은 아니었다. 홉스와, 보다 넓게 정의된 사상 전통들과 홉스의 관계를 이해하려는 프로젝트는 계속되었고, 홉스에 대한 최신 해석 문헌들 대부분이 이때 나왔다. 물론 20세기의 모든 홉스 논평자들이 그를 '근대' 사상의 특징적인 대표자로 보는 데 동의하지는 않았지만, 이 모든 논의의 중심에는 이른바 근대성의 창출과 관련해서 홉스가 수행한 특별한 역할이 자리하고 있었다. 또한 홉스의 이러한 역할이 근대 사상 전반에서 어떤 의미를 지니는지도 이들 논의에서 핵심적인 문제였다.

이렇게 생각한 사람들 중에서는 매우 달랐던 두 사람의 사례가 가장 인상적이다. 한 사람은 독일인으로 (나중에 미국인이 된) 레오 스트라우스이다. 홉스에 대한 그의 생각은 『홉스의 정치철학Political Philosophy of Hobbes』(1934)이라는 한 권의 책에서 처음으로 개진되었고, 이후 일련의 강의들이 『자연권과 역사Natural Right and History』(1953)라는 이름으로 출판되었다. 다른 한 사람은 캐나다인 C. B. 맥퍼슨이다. 그는 1945년에 「홉스의 부르주아적 인간Hobbes's Bourgeois Man」(원제는 '오늘날의 홉스Hobbes Today')이라는 논문을 출판했으며, 1962년에는 『소유적 개인주의 정치 이론Political Theory of Possessive

Individualism』이라는 책을, 1968년에는 현재까지 표준 판본으로 여겨지는 홉스의 『리바이어던』을 출간했다. 나는 우선 스트라우스에 대해서 다루겠다.

스트라우스는 유럽 지성사에 대해 다소 복잡하고 미묘한 하나의 관점을 가지고 있었다. 쉽게 말해서 그는 도덕적 상대주의와 '자연권'에 대한 믿음 사이에 근본적인 갈등이 항상 있었다고 믿었다. 이때의 도덕적 상대주의는 고대 회의주의자들의 문헌과 몽테뉴와 같은 르네상스 저술가들에 의해 구현된 유형이었다. 자연권에 대한 믿음은 소크라테스 이후의 고대 철학자들이 가장 설득력 있게 설명했는데, 스트라우스에 따르면 그들은 철학적 성찰을 통해서 상대주의에 대항할 수 있다고 믿었다. 이 철학적 성찰은 다양한 종류의 피상적인 믿음과 관습을 넘어서 일종의 근본적인 통합성에 이르는 것을 지향했다. 스트라우스는 이러한 통합성이 무엇인지에 대해서는 단지 암시만 했을 뿐인데, 이 개념은 오직 '현자(賢者)'만이 이해할 수 있다고 그가 주장했기 때문이다. 이렇듯 실로 독자들로부터 많은 지지와 비판을 함께 이끌어낸 것은 스트라우스의 이론이 지닌 바로 이러한 측면과 더불어 공동체에서의 '현자'의 역할에 대한 당혹스러운 의미였다.

스트라우스의 주장에 따르면, 고대의 자연과학은 인간의 도덕적 의무를 정당화할 수 있는 자연적 목적을 설명함으로써 상대주의자들에게 대항하는 데 일조했다. 하지만 17세기에 이르러 이러한 종류의 과학이 정당한 이유 속에서 불가피하게 무너지면서 가장 최상의 철학 형태인 과학적 탐구가 윤리학으로부터 분리되었고, 상대주의는 다시금 무제한적 자유를 얻게 되었다. 근대 자연과학의 이러한 결과들을 처음으로 완전히 수용하면서 홉스의 철학은 최초의 근대 도덕철학이 되었다. 홉스의 철학은 고대의 상대주의를 권리에 대한 이론의 형태로 다시 썼는데, 이에 따르면 인간들의 자연적 권리는 그들의 **욕구**를 표현하는 것이고 자연법은 권리의 2차적인 파생물이지 의무의 문제가 아니게 되었다.

하지만 스트라우스에 따르면 홉스는 반(反)상대주의자들로부터 물려받은 '단 하나의 중대한 관념'을 유지했는데, 그것은 바로 정치철학이 필요하고 '최상의 정체(政體)'가 존재할 수 있다는 생각이었다. 홉스는 단지 사실상 모든 사람들이 스스로 원하는 것을 얻으려 한다고 말하는 데 만족하지 않았다. 그는 이러한 종류의 행동이 '좋은' 사회적 질서와 양립할 수 있다는 점 또한 보여주려고 했다. 홉스는 마치 애덤 스미스가 보이지 않는 손으로 이러한 양립 가능성을 보여준 것처럼 리바이어던이라는 국가를 통해서 이를 보여주었다. 하지만 이 국가는 주권자의 의지가 모두의 의지라는 '근본적인 허구'에 기초한 것이었기 때문에 상대주의에 대한 진정한 해법이 될 수 없었다.

스트라우스가 홉스를 읽은 방식에서 논쟁의 여지가 많은 역사적이고 도덕적인 배경을 무시하면, 그의 해석은 의심할 여지 없이 일정한 설득력을 지닌다. 특히 내가 보기에 스트라우스는 홉스가 자연법을 자연권에 종속시켰으며, 자연법이 우리의 권리를 현명하게 사용하기 위한 일반적인 원칙이 되도록 했다는 사실을 제대로 이해했다. 또한 스트라우스는 이러한 설명에서 상대주의적이고 회의주의적인 도전이 지닌 중요성, 그리고 이러한 도전과 홉스의 관계가 지닌 미묘한 성격을 본능적으로 잘 간파했다. 이에 따르면, 홉스는 한편으로 회의주의적 도전에 대한 해법을 찾으면서 다른 한편으로 그 기본적인 통찰을 자신의 이론에 포함시켰다. 스트라우스의 주장이 지닌 취약점은 고대 저자들에 대한 고도로 공상적인 그의 독해 방식에 있었지, 근거를 좀더 갖춘 홉스에 대한 그의 해석에 있지 않았다. 하지만 이러한 해석과 그 달갑지 않은 요소들을 구분하는 것이 쉽지 않다는 사실은 현대 연구자들에게 널리 알려져 있다.

스트라우스는 상당히 극단적인 형태로 홉스가 근대성의 마왕(魔王)이라는 주장을 제시했지만, 다른 이들도 비슷한 주장을 했다. 그 가운데 가장 흥미로운 사례는 내가 이미 언급한 것처럼 C. B. 맥퍼슨이다. 그는 홉스의 정치사상이 지닌 독특

한 성격이 어떤 점에서 '부르주아적' 가치들에 대한 대변자로서 홉스가 수행한 역할에서 비롯되는지를 보여주려고 노력했다. 많은 사람들은 홉스 철학의 일부분과 상업적 자본주의의 경쟁적인 사고방식의 일부가 일치한다는 데 지속적으로 주목해왔다. 어떤 점에서 이것은 홉스의 역사적 역할에 대한 퇴니스의 연구에서도 암시되었으며, 스트라우스 역시 (칼뱅주의와 자본주의 체제 등장 간의 관련성을 주장한 막스 베버를 반박하며) 자본주의적 사고방식에 최초의 목소리를 부여한 것은 홉스이지 칼뱅주의적인 홉스의 반대자들이 아니었다고 지적했다. (만약 그로티우스와 로크를 따르는 보다 넓은 유럽적 전통에 홉스를 포함시키는 경우처럼) 보다 넓은 관점에서 말하면 이러한 입장은 명백하게 그럴듯하다. 이들 저자는 국가 내부에서 구성원들에게 군림하거나 위협하는 단체들을 해체하는 데 관심이 있었고, 자본주의자들은 자신들의 경제적 활동을 방해할 경우 단체들이 해체되는 것을 보는 데 관심이 있었다. 길드〔중세 상인들 및 수공업자들의 동업조합—옮긴이〕에 대한 홉스의 격렬한 반대는 특수한 단체와 전문직에 대한 일반적인 반대의 일부분이었지만, 이들과 잠재적으로 경쟁할 수 있는 제조업자들이 제기한 비슷한 불만을 그대로 되풀이한 것이기도 했다.

맥퍼슨의 견해가 지닌 결함은 (비슷한 주장을 로크에게 적용할 때 훨씬 명백해지지만) 그가 '근대적' 인간을 **본질적으로** 부르주아적이라고 보았다는 점이다. 반면에 보다 넓고 유연한 역사적 감각을 지녔던 퇴니스 같은 사람들은 반(反)부르주아적 태도도 근대성의 일부가 될 수 있다고 보았다. 우리가 본 것처럼 퇴니스는 한때 홉스에 대한 사회주의적 해석을 제시했으며, 로크에 대한 비슷한 해석이 19세기에 제시되기도 했다. 이러한 사실을 이유로 이 해석들이 옳다고 할 수는 없다. 오히려 홉스나 로크를 사회주의자로 이해하는 것만큼 그들을 자본주의자로 해석하는 것이 가능하다고(또는 불가능하다고) 할 수 있다. 자본주의와 이에 대한 비판 모두 그 시초부터 근대성의 일부였으며 홉스와 같은 유형의 철학은 양쪽 모두에 매력적일 수 있었고, 또 실제로 그랬다. 키스 토머스는 1965년 한 논문(「홉스 정치사상의 사회적 기원The Social Origins of Hobbes's Political Thought」)에서 이러한 점을 강력하게 지적하며 다음과 같이 언급했다. 주권자는 극빈자의 생존을 보장해주어야 한다는 홉스의 요구 조건은, 만약 보다 부유한 사람들의 재산을 빼앗을 필요가 있을 경우 불가침의 사유재산이라는 가장 명백한 '부르주아적' 열정에 위배된다고 말이다.

사회과학자로서의 홉스

스트라우스와 맥퍼슨이 (서로 다른 방식으로) 홉스가 지닌 특별한 근대적 성격을 강조하려고 했다면, 대부분의 20세기 후반의 저자들은 이러한 주장을 의심스러워했다. 대략적으로 말하면 홉스를 전혀 다른 방식으로 이해하는 두 가지 전통이 있다고 할 수 있겠다. 만약 철학이 무엇이고 무엇이었는지에 대한 유럽적인 관념에 칸트가 도입한 변화를 다시 생각해본 다면, 우리는 이 두 전통 모두를 이해할 수 있다. 어떤 면에서 스트라우스와 맥퍼슨은 철학사를 바라볼 때 칸트 이전의 관점을 가졌던 반면, 홉스의 근대성 문제에 구애되지 않았던 이들은 칸트 이후의 관점을 지녔던 사람들에 가까웠다. (이는 칸트 자신이 17세기 사상의 특수한 성격을 일축한 방식에서 볼 때 예상된 것일 수도 있다.)

두 전통 가운데 하나는 홉스의 사상이 타산(打算)에 관한 이론이거나 혹은 어떤 명백한 도덕적 함의도 없는 순수하게 심리적인 동기에 대한 이론이며, 이러한 이론은 홉스 이전부터 일찌감치 확립되어온 과학적 탐구 원리를 인간 행위에 적용한 것일 뿐이라고 주장했다. 이 견해에 따르면, 홉스의 철학은 근대 윤리적 관념들에 대해 (말하자면) 프로이트의 심리학이 맺은 방식과 유사한 관계를 지닌다. 다르게 말해, 이것은 인간이 어떻게 행동하는지, 그리고 어쩌면 어떻게 행동해야 하는지에 대한 '과학적' 설명을 제공해준다. 이러한 설명은 도덕주의자들이 '가치판단'이라고 부르던 것을 만들어낼 때 고려해

203

야만 하는 것이었다. 하지만 과학적 설명 자체는 윤리적 관념들을 대체하는 것은 아니며, 근본적으로 그러려고 의도된 것도 아니었다. 하지만 이들의 주장에 따르면, 홉스는 어떠한 가치판단도 사실 가능하지 않다고 보았을 수 있다. 둘째 전통은 홉스가 도덕주의자이며, 특히 칸트적인 도덕주의자라고 주장했다. 다르게 말하면, 홉스는 인간 심리에 대한 사실적인 가정들로부터 독립된 도덕적 판단을 실제로 믿었다고 할 수 있다.

지금까지 이 책에서 분명히 밝혔듯이 나는 두 가지 전통 모두 근본적으로 잘못된 것이라고 본다. 하지만 두 전통에 속한 저자들은 홉스에 대해 흥미롭고 중요한 해석 지점들을 제공해주고 있고 있으며, 이는 진지하게 고려되어야만 하는 것들이다. 우선 나는 첫째 전통을 다룰 것이다.

실질적으로 이 전통은 리처드 피터스가 1956년에 쓴 한 권의 책『홉스』에 의해서 시작되었고 특히 J. W. N. 왓킨스의 『홉스의 사상 체계Hobbes's System of Ideas』(1965)를 통해서 계속되었다. 이들 저자는 주로 세 가지 명제를 제시했다. 첫째, 홉스의 정치사상은 그의 일반적인 과학철학과 긴밀하게 연결되어 있다. 둘째, 그의 과학적 방법론은 갈릴레이의 방법론과 유사하며 결국 가장 잘 확립된 과학적 탐구의 원리로서 (특히 파도바대학에서 유명했던) 소위 '분해 합성법(resolutive-compositive method)'이라고 부르는 것이다. 셋째, 이 방법은 근대적 의미의 도덕과학이나 정치과학을 도출하기 위해 고안된 실증적인 탐구 방식으로, 인간의 사회적 행동을 설명하는 데 활용될 수 있다.

오늘날 첫째 명제에 대해서 반대하는 사람들은 (칸트 이후 세대에서 둘째 전통에 속한 사람들을 제외하고) 거의 없다. 스트라우스는 그의 초기 홉스 연구에서 홉스의 과학 저작들과 그의 정치사상이 지닌 연결 고리를 단절시키는 데 학술적 노력을 경주한 것이 사실이지만, 후기 연구인 『자연권과 역사』에서 제시된 일반적인 주장을 고려하면 스트라우스에게 그와 같은 연결 고리를 단절시키는 노력이 필요했는지 명확하지는 않다. 우리가 이미 본 것처럼 이 책의 핵심적인 특징이 근대 과학의 등장에 대한 해석이기 때문이다. 다른 한편으로 과학과 정치의 연결 고리에 대한 피터스와 그 계승자들의 설명은 「제1원리에 대한 소고」에 전적으로 의존한다는 점에서 근본적인 결함을 가지고 있다. 그들은 이 글이 1630년경에 작성된 것으로 보았기 때문에 홉스의 다른 정치적 저작보다 앞선 것으로 여겼다. 하지만 이미 본 것처럼 홉스가 이 글을 집필했다고 가정할 만한 타당한 근거는 없다. 또한 그들이 이 글을 근거로 삼는다는 사실로 인해 홉스의 과학철학에 대한 그들의 설명도 왜곡되었다. 왜냐하면 이 저작은 회의론자들에게 답하는 데 관심이 없으며 홉스의 논쟁적이지 않은 글들에서 발견되는 그 어떤 것보다도 노골적인 유물론을 제기하고 있기 때문이다.

둘째 명제는 (특히 J. W. N. 왓킨스에 의해 강조된 것으로) 19세기 후반의 위대한 독일 신(新)칸트주의자인 에른스트 카시러의 연구로부터 도입되었다. 그는 (1906년의 한 책에서) 16세기 후반 파도바의 스콜라주의 철학자들이 과학적 방법론을 발전시켰다고 주장했다. 이에 따르면 사물들은 그것을 구성하는 부분들로 '분해될' 수 있고, 그러한 부분들의 움직임은 단순한 형태로 연구될 수 있으며 그 조각들은 다시 전체로 '구성될' 수 있다(쉽게 말해 시계를 움직이는 것이 무엇인지 알기 위해서는 그것을 분해했다가 다시 결합해보면 된다). 카시러는 이것이 갈릴레이의 실험 방식이라고 주장했다. 이러한 그의 주장을 따라 이들 홉스 연구자는 홉스 또한 그러했다고 주장하며, 홉스의 저작에서 홉스가 현상을 설명하면서 부분들로 '분해하거나', 기본적인 원리로부터 부분들을 '구성하는' 몇몇 구절을 자신들의 논거로 삼았다. 그와 같은 구절 가운데 가장 대표적인 경우는 『시민론』 서문에서 볼 수 있는데, '국가의 권위와 시민들의 의무'에 대해 연구하는 것과 시계를 분해하여 그 작동 원리를 조사하는 것을 비교한 부분이었다.

이것이 홉스의 방법론이었다는 관점은 두 가지 면에서 비판될 수 있다. 우선, 갈릴레이의 고유한 방법론이 많은 부분

스콜라주의 전통에 기본적으로 빚을 지고 있다는 사실은 카시러가 생각한 것처럼 현대 연구자들에게 그렇게 명확하지 않다. 둘째, 이러한 방법론이 홉스가 물리적 현상들을 설명할 때 취한 가장 중요한 접근 방식은 아니라는 것이 분명하다는 사실이다. 우리가 반복해서 본 것처럼, 홉스는 어떤 현상에 대한 물리적 원인에 대해서는 확정적이지 않거나 가설적인 지식 외에는 얻을 수 없다고 여겼다. 비록 어떤 대상이나 현상을 정신적으로 분해하는 것이 가설을 만들거나 실험을 하는 데 도움이 되기는 하겠지만, 이러한 활동은 궁극적으로 사물이나 사건을 야기한 것이 애당초 무엇인지 단순히 생각할 때 얻을 수 있는 것보다 어떤 사태에 대해 더 나은 종류의 지식을 제공해주지는 않는다.

마지막 명제로서 이들 그룹의 저자들이 제기한 가장 중요한 주장은 홉스의 기획이 어떤 점에서 '가치중립적'이라는 것이다. 자연법으로부터 도출한 규칙인 홉스의 규정(prescription)에 대해 말하면서, 가령 왓킨스는 "홉스는 이러한 규정들을 사실적인 전제로부터 도출했고 논리적인 오류를 전혀 저지르지 않았다는 것이 나의 논지다. 왜냐하면 홉스의 규정은 **도덕적** 규정이 아니라, 마치 '의사들의 처방'과 같이 특별한 종류의 강제성을 지녔기 때문이다"(『홉스의 사상 체계』, 1973)라고 했다. 그는 이와 같은 방식으로 칸트 철학의 범주들

〔인간 지성에 선험적으로 주어진 인식의 요소들―옮긴이〕을 이용해서 홉스의 자연법을 분석했다.

1969년 데이비드 고티에는 그의 책 『리바이어던의 논리 Logic of Leviathan』(1969)에서 '게임이론'의 관점으로 홉스의 이론을 분석하면서 이러한 논리에 특별한 전환을 가져왔다. 2차 세계대전 이래로 경제학자들과 수학자들은 다양한 유형의 '게임'을 형식적으로 분석하는 데 관심을 가져왔다. 이러한 게임은 두 명이나 그 이상의 참가자들이 상대의 행동에 전략적으로 다양하게 반응하면서 스스로에게 최선인 결과를 얻으려고 하는 상황들을 이른다. 이러한 종류의 몇몇 상황들은 (오랫동안 비공식적인 논의에서 인식된 바와 같이) 하나의 역설적인 면을 보여주는데, 이러한 문헌들에서 표준이 된 역설의 사례는 '죄수의 딜레마'로 알려진 경우다. 이 발상은 두 용의자가 경찰에 체포되어 서로 분리된 감방에 갇힌 상황에서 시작된다. 이후 그들은 둘 다 자백을 하면 짧은 형기(刑期)를 살 것이라는 말을 듣는다. 만약 둘 다 자백을 하지 않으면 풀려날 것이다. 만약 한 사람만 자백을 하고 다른 이의 죄를 알려준다면, 자백한 사람은 보상을 받고 그의 동료는 긴 형기를 살 것이다. 죄수 딜레마의 문제는 그들 중 한 사람이 무엇을 하든지 간에 다른 사람은 자백하는 것이 이익이 된다는 데 있다. 한 사람이 자백하면 다른 사람은 침묵해서 긴 수감 생활을 하는 것보다,

자백을 하고 짧은 형기를 사는 것이 더 낫다. 반면, 한 사람이 침묵한다면 다른 사람은 침묵해서 방면되는 것보다, 자백하고 보상을 얻는 것이 더 낫다. 따라서 죄수들이 합리적으로 행동한다면 그들 모두 자백할 것이다. 하지만 이것은 그들 모두 침묵할 때보다 더 나쁜 상황을 초래한다.

고티에는 홉스의 자연 상태가 죄수의 딜레마와 같은 종류라는 것을 최초로 제시한 사람이었다. 자연 상태의 인간들에게 자발적인 협력은 불가능한데, 그들은 합의를 고수하는 것보다 계약에서 이탈하여 독자적인 이익을 취하는 것이 더 낫기 때문이다. 그들의 협력이 어떤 식으로든 **강요될** 수 있어야만 그들에게 협정을 준수할 동기가 생길 것이다. 고티에의 주장에 따르면, 자연 상태의 인간들은 자신과 동료들에 대한 이러한 사실을 인식하여 주권자를 수립한다. 주권자는 인간들을 대신해 행동하고 계약에 대한 복종을 강제하기 위해 인간들이 가지고 있던 자연권을 행사할 것이다. 주권자를 세우는 계약은 다른 종류의 계약과는 다르다. 만약 모든 사람들이 계약을 준수하면 계약을 어기는 것은 이익이 아니다. 왜냐하면 그러한 행위에 대해 이제는 처벌을 받을 것이기 때문이다. 따라서 우리는 더이상 자연 상태를 특징짓는 죄수의 딜레마에 직면하지 않게 된다. (죄수의 비유를 끌어올 수도 있겠다. 만약 죄수들이 그들의 배신을 처벌할 수 있는 마피마 보스의 힘을 신뢰한다면 그들은 침묵을 지킬 것이다.) 하지만 우리가 자연 상태로부터 벗어난다고 해도 주권자의 법에서 이탈하거나 그 법을 어기는 것은 여전히 우리의 이익이 될 수 있다. 고티에도 이러한 곤경을 인식하고 있었다. 특히 우리가 보았듯이 홉스가『리바이어던』에서 오직 '멍청한 사람'만이 그렇게 하는 것이 옳다고 여길 것이라고 말했기 때문이다.

이러한 주장의 문제는 부분적으로 홉스가 인간 행동을 설명하는 일에 실제로 관심이 없었다는 데 있다. 우리가 보았듯이, 홉스는 인간들이 어느 정도 자연법에 반해 행동할 수 있다는 점을 인식하고 있었다. 따라서 자연의 법칙들은 그렇게 간단한 방식으로는 설명할 수 없다. 그렇다고 해서 우리는 자연법을 (현대의 용어로) '우리의 효용을 극대화'하는 방법을 알려주는 규정으로 간주하는 다른 방식의 '가치중립적인' 경로를 선택할 수는 없다. 자연법은 자기보존의 권리를 어떻게 행사해야 하는지 알려주는 규정이지 다른 걸 알려주지 않는다. 자기보존이 중요한 것은, 단지 우리 모두 생존하길 원하기 때문이 아니라 우리가 의심할 여지 없이 가지고 있다고 말할 수 있는 **권리**이기 때문이다. 그러한 까닭 자체가 인간 심리에 대한 하나의 사실이지만 말이다. 만약 이 때문에 어떤 면에서 홉스가 '사실'과 '가치'를 혼동했다고 비난받을 수 있다면, 그럴 수 있을 것이다. 우리가 본 것처럼 바로 그러한 구분 자체가 홉스와 같은 저자들에 대한 비판으로서 도입된 것이기 때문이다. 하지만 칸트 이후의 논평자들이 생각하는 것처럼 이 구별이 그렇게 명백하고 단순하지는 않으며, 또한 홉스가 이러한 구별을 잘 인지하고 있다는 식으로 홉스의 철학을 재구성하는 것도 의심할 여지 없이 역사적으로나 철학적으로 둔감한 태도다.

이 발언의 요점을 이해해보려면 2장에서 내가 제시한 자연 상태에 대한 설명과 고티에가 제시한 설명이 지닌 차이점만 생각해보면 된다. 내 설명에 따르면, 홉스에 있어서 자연 상태의 문제들은 **권리의 영역**에서 발생한다. 전쟁 상태는 모두가 자기보존의 권리를 행사한 결과다. 이에 상응하여 이러한 권리 행사를 조율하기 위해 주권자가 수립되면, 어느 누구도 계약을 준수함으로써 자신의 생명이 위험해진다고 (죄수가 교수대로 끌려가는 상황처럼) 명백하게 여기는 경우가 아니라면 계약으로부터 이탈할 권리는 없다. 그들은 계약으로부터 이탈하고 싶어할 수도 있고, 그렇게 함으로써 (절도범이 법을 지키기보다 어기는 것이 더 나은 경우처럼) 그들의 효용이 더 커질 수도 있을 것이다. 하지만 이러한 가능성은 홉스가 주로 우려했던 문제도 아닐 뿐만 아니라, 사람들은 이러한 측면에 대해서 아직 정치 이론을 쓸 준비가 되어 있지 않았다.

고티에에게 자연 상태는 각 사람들에 의한 효용의 계산과 더불어 최선의 행동과 차선의 행동 그리고 기타 등등의 대안들 사이에서의 선택을 포괄한다. 그의 입장에서 보면, 만약 우리가 잡히지 않는다는 확신을 합리적으로 가질 수 있다면, 우리가 주권자의 법을 지키는 이유가 무엇인지는 여전히 질문으로 남는다. 내가 볼 때 홉스에게는 이것이 문제가 아니었다. 왜냐하면 우리가 그렇게 하는 것이 우리의 보존에 필요하지 않은 한 우리에게 법을 어길 권리는 없기 때문이다. 비록 우리가 법을 어기면서 이익을 얻을 수는 있겠지만 그것은 권리 없는 행위이다. 왜냐하면 (홉스에게) 권리는 자기보존을 위해 수행되는 행위에 한정되기 때문이며, 우리의 욕구를 충족시켜주는 다른 권리들로 확장되지 않기 때문이다. 홉스의 목표는 도덕과 무관한 형태로 인간 행위에 대한 과학을 도출하는 것이 아니었으며, (죄수의 딜레마와 같이) 그러한 종류의 '과학'을 논의하는 과정에서 제기되는 많은 질문들은 그의 연구와는 관련이 없었다.

도덕주의자로서의 홉스

홉스는 도덕주의자이지 가치중립적인 과학자가 아니라는 해석은 20세기에 홉스를 이해하는 또다른 전통에서 물론 핵심적인 것이었다. 하지만 이 전통 속에서 도덕주의자가 무엇인지에 대한 특정한 관점은 오해의 소지가 많았다. 이 전통은 A. E. 테일러로부터 시작되었는데, 그는 「홉스의 윤리적 교의 The Ethical Doctrine of Hobbes」라는 논문에서 홉스가 일종의 칸트주의자였다고 주장했다. 홉스의 자연법은 어떤 식으로든 인간 심리에 관한 사실에 근거하지 않고 인간에 대한 도덕적 요건을 나타낸다는 이유에서였다. 하지만 가장 유명하고 논쟁적인 주장은 하워드 워렌더가 1957년 출판한 『홉스의 정치철학: 홉스의 의무론 The Political Philosophy of Hobbes: His Theory of Obligation』에서 제기되었다. 워렌더의 주장은 그로 하여금 홉스의 일반 철학과 도덕 및 정치사상과의 관련성을 최초로 부인하게 만들었다. 이와 같이 자신의 초점을 좁혀서 그는 특히 『리바이어던』 14장의 몇몇 구절에서 홉스가 제시한 **권리**("어떤 일을 하거나, 하지 않을 자유")와 **법**("이 둘 중 하나를 지시하거나, 하지 못하도록 금지하는 것")의 구별을 고찰하게 되었다. 워렌더는 홉스가 사용한 용어에 기초하여 자기보존은 **권리**로 기술될 수 있기 때문에 '평화를 추구하는' 자연**법**의 기초가 될 수 없다고 주장했는데, 만약 우리가 자유롭게 **스스로를 보호할 수 있거나 스스로를 보호하지 않을 수 있다면**, 스스로를 보호하기 위한 어떠한 **의무**도 없다는 이유에서였다.

따라서 워렌더는 홉스에게서 의무의 다른 원천을 찾으려고 했으며 홉스가 자연법을 신의 명령이라고 한 산발적인 표현들에서 그것을 발견했다. 그는 결론 내리길, 홉스에 따르면 우리는 신의 명령에 복종할 도덕적인 의무가 있는데 그것은 (그가 우리에게 행사할 수 있는 물리적 힘을 가지고 있기 때문이 아니라) 단지 그가 신이기 때문이며, 그의 명령은 무엇보다도 우리에게 평화를 추구하라고 요구한다. 만약 신의 지침이 우리의 생존을 위협한다면 우리는 그러한 명령에 대항해 자기보존의 권리에 호소할 권리가 있다. 하지만 그와 같은 권리는 평화를 추구하는 우리의 의무의 기초가 아니다.

이 절묘한 주장은 1950년대와 1960년대에 엄청난 비판을 야기했다. 그러한 비판 중 다수는 명확하면서도 주목하지 않을 수 없는 논점을 제기했는데, 워렌더의 설명에 따르자면 홉스는 17세기 유신론자(有神論者)들에게 깊은 의혹의 대상이기보다 찬사의 대상이 되어야만 했다. 그럼에도 불구하고 워렌더의 비판자들은 권리와 법에 대한 홉스의 구별을 설명할 대안적인 방법을 제시하기가 놀라울 정도로 어렵다는 사실을 알게 됐다. 하지만 우리가 2장에서 본 것처럼, 대안적인 설명은 가능하다. 바로 자기보존의 권리는 정확히 말해 **무엇이 우리의 보존에 도움이 될지 판단하는 데 합리적으로 사용할 수 있는 권**리라고 설명하는 것이다. 또한 이러한 권리는 우리가 행사 '하지 않을' 수 있다―실제 우리는 주권자를 세웠을 때 권리를 행사하지 않는데, 그때에 우리는 매우 다양한 경우에 우리의 판단을 사용하지 **않기로** 동의했기 때문이다. 이러한 설명은 자연법이 우리의 보존을 가져다주는 것이 무엇인지에 관한 (말하자면) 영구적이고 반박의 여지 없는 판단을 제공해준다는 사실과 양립한다. 또한 이것은 자연법이 우리가 합리적으로 권리를 행사하기로 선택하는 방식을 구조화한다는 사실과도 양립한다. 만약 세계에 대한 서로 다른 판단과 인식 간의 불일치 문제에 대해 홉스가 가졌던 열렬한 관심을 홉스 해석의 핵심에 둘 수 있다면, 워렌더의 문제들은 쉽게 사라질 것이다.

홉스를 도덕주의자로 설명하는 약간 다른 방식은 마이클 오크숏에 의해 1945년 판 『리바이어던』의 서문에 처음으로 등장했고, 이어서 그의 「토머스 홉스의 저작에서의 도덕적인 삶Moral Life in the Writings of Thomas Hobbes」(1960)에서 제시되었다. 오크숏의 주장은 그 절묘함에서 앞선 워렌더의 주장에 필적할 만하거나 훨씬 더했다. 오크숏이 주장한 것은 본질적으로 다음과 같았다. 홉스는 도덕적으로 의무적인 것을 **주권자의 명령**이라고 **규정했다**. 인간들이 주권자를 창조한 이유는 죽음에 대한 자연적인 공포를 고려할 때 인간들이 자연법을 따라 행동하는 것이 어떤 점에서 '불가피하거나' '강제되기' 때문이다. 하지만 이것은 '도덕적인' 의무는 아닌데, 즉 어떤 방식으로도 자연의 도덕적인 권리를 빼앗지 않기 때문이다. 이들 자연권은 처음부터 그 성격이 도덕적이다. "만물에 대한 각자의 자연적 권리는 그 의지에 있어서 내재적이며 그 요구에 있어서 무제한적이다." 하지만 인간들은 선천적으로 어떤 도덕적 **의무** 아래에 있는 것은 아니다. 반면에 주권자가 수립되면 그의 의지는 백성들에게 도덕적인 법이 된다. 오크숏이 반복적으로 설명한 것처럼, 심지어 자연법조차도 주권자가 백성들에게 그렇게 행동할 것을 명령할 때에야 비로소 도덕적인 법이 될 수 있다. 주권자가 백성들에게 하라고 명령하는 것은 (도덕과 무관한) 백성들의 노골적인 자기이익이 그렇게 하도록 그들을 이끄는 것과 반드시 같지는 않다. 따라서 주권자의 명령은 관습적인 도덕 원칙과 같은 종류라고 할 수 있다. 다르게 말해, 주권자의 명령은 그 효력에 있어서 무엇을 **해야만** 하는지에 대한 사람들의 확신에 의존한다.

　오크숏에 따르면, 홉스는 사실과 가치를 혼동하지 않았다. 그는 단지 무엇이 도덕성의 원천인지에 대한 다소 뜻밖의 견해를 가졌던 것뿐이다. 다시 말해 (권리는) 각 사람들의 의지에서, (법은) 주권자의 의지에서라는 식으로 말이다. 어떤 의미에서 오크숏은 홉스 스스로가 리바이어던을 '필멸의 신 (Mortall God)'이라고 묘사한 것을 진지하게 고려했다. 왜냐하면 중세 (그리고 그 이후) 신학의 '주의주의(主意主義)' 전통에서 말하는 신의 의지처럼 리바이어던의 의지는 옳고 그름을 제정하며 다른 추가적인 기준은 필요하지 않기 때문이다. 오크숏의 해석은 홉스를 루소와 매우 유사하게 만들려고 했다. 루소는 의심할 여지 없이 시민적 연합의 '일반의지'가 도덕적 진실의 초석이며, 도시가 형성되기 이전 자연 상태의 인간들은 어떠한 도덕적 의무 아래에도 있지 않고 도덕적 권리도 없다고 주장했기 때문이다. 스트라우스에 대해 논평하면서 오크숏은 실제로 홉스를 루소와 연결시켰다. 반면에 『리바이어던』 서문에서 오크숏은 주의주의 유명론을 지닌 '회의주의적 후기 스콜라 전통'과 홉스를 연결시켰다.

오크숏의 해석이 지닌 문제점은 많은 초기 비평가들이 지적한 대로 분명한 문헌적 근거를 발견하기 어렵다는 얼마간의 사실에 있었다. 하지만 주된 문제는 홉스가 개인이든 주권자의 경우든 '무제한적 의지'에 권리의 기초를 두지 **않았다는** 사실에 있었다. 우리가 2장에서 본 것처럼, 홉스는 '만물에 대한 권리'가 단순히 자기보존에 필요하다고 생각되는 모든 것을 할 권리라는 것을 분명히 알고 있었다. (술 취하는 경우와 같이) 우리가 **의지를 가지고 하는** 많은 것들이 자연법에 의해서 단적으로 금지된다. 오크숏은 자연법이 한 사람에게 내적이고 심리적인 "장애를 가할 수는 있겠지만, 그 사람이 스스로 선택한 대로 행동할 수 있는 자연적 권리는 어떠한 장애도 겪지 않는다. 공포와 이성은 인간의 힘을 제한할 수 있다. 하지만 인간의 권리는 제한할 수 없다"라고 말했다. 하지만 홉스는 (『시민론』의 명확하게 설명하는 각주에서) 다음과 같이 말했다.

> 자연법 가운데에는 전쟁중에도 준수하지 않을 수 없는 것이 있
> 다. 나는 술에 취하는 것이나 잔혹한 행위(특히 미래의 소용을
> 기대할 수 없는 복수)는 평화나 누군가의 보존을 이끌어낸다
> 고 생각하지 않기 때문이다. 간단하게 말해, 자연 상태에서 무
> 엇이 정의로운지 아닌지는 행동에 의해서 평가되지 않고 행위
> 자들의 의견이나 양심에 의해서 평가된다. 평화와 자기보존을
> 위해 이행된 것은 정당하게 이행된 것이다.(3장 27절)

홉스에게 자연권은 자연법에 의해서 제한될 수 있다는 것
이 분명해 보인다. 더 정확히 말해, 우리에게는 우리가 선택한
어떤 방식으로든 행동할 수 있는 자연적 권리가 없다고 할 수
있다. 자연권 개념을 확장해서 모든 가능한 욕구와 행동을 포
괄하려고 했던 것은 사실 스피노자였다. 이런 작업을 수행하
면서 스피노자는 자신이 홉스의 이론을 변형시키고 있다는
사실을 알고 있었다.

오늘날의 홉스

현재의 홉스 연구는 위에서 다룬 현대적 전통에 속하는 대

표자들을 다양한 형태로 포함한다. 하지만 많은 연구자들은 홉스의 역사적 특이성에 주목하거나, 홉스를 칸트의 시점으로 독해하는 위험성을 인지하기 시작했다. 역사적인 홉스를 재발견하는 과정은 1960년대 후반 퀜틴 스키너의 영향력 있는 글들을 통해서 시작되었다고 할 수 있다. 스키너는 홉스의 이론이 1649년 확립된 새로운 공화국에 대한 충성을 옹호하려 노력했던 다른 (非홉스적인) 많은 저자들과 같은 종류의 정치적 **논점**을 가지고 있다고 특별히 주장했다. 이들 저자는 1650년에 사람들에게 요구된 새로운 공화국을 지지한다는 맹세, 즉 '충성 서약(Engagement)' 이후 '충성 서약 이론가들'로 알려졌다. 그들의 주장에 따르면, 정부 기구를 획득한 새로운 통치자는 권력을 차지한 방법이 무엇이든 종래의 통치자와 같이 사람들의 복종을 받을 수 있어야 한다. 그리고 홉스는 『리바이어던』의 「재검토와 결론」에서 이들 이론가를 사실상 공개적으로 지지했다.

스키너의 분석이 시사하는 바에 따르면, 홉스와 동시대 다른 사상가들 간의 실제적인 교류나, 정치적 사건에 대한 그들의 공통적인 반응을 보다 상세하게 검토하는 것은 연구할 가치가 있다. 그리고 최근의 많은 홉스 연구는 이러한 스키너의 선례를 따르고 있다. 실로 이제는 홉스의 생애에 대한 정교한 연구들과 퇴니스 및 브란트의 시대에는 알려지지 않은 홉스의 저작들에 대한 정밀한 연구들이 풍부하다. 동시에 칸트의 역사관과 철학적 과업이 지닌 영향력에 대해서도 일반적인 회의론이 제기되면서 홉스에 대한 해석에 영향을 끼치기 시작했다. 스키너의 연구도 이러한 경향과 친연성이 있으며, 톰 소렐의 최신 연구는 (표면적으로는 확실히 비역사적이지만) 홉스의 기획을 칸트 이전 시대에 가능했던 **도덕과학**에 대한 탐구로서 다룬다. 우리가 칸트의 '도덕률'보다 회의주의가 더 호소력이 있는 세계로 들어섰듯이, 가장 위대하고 가장 일관된 후기 회의론자의 글들은 그 어느 때보다 더 큰 관심을 가지고 연구해야 할 것이다.

제 4 장

결론

홉스의 명성은 그의 시대에조차 역설적인 것이었다. 그는 격렬한 논쟁가나 매정한 독단주의자로 여겨졌지만, 그의 주된 분노는 모든 유형의 독단주의를 향하고 있었다. 그는 대학에서 행사되는 교회의 지적 권위에 적대적이었지만, 그 자신의 철학적 저술들이 대학에서 권위 있는 교재가 되길 바랐다. 그는 관용을 찬양했지만, 한편으로는 지적인 문제에서 전권을 지닌 절대적 주권자를 옹호했다. 이 책에서 나는 이러한 역설의 일면을 설명하려고 노력했는데, 회의주의나 자유주의에 내재되어 있음직한 더 넓은 역설에 홉스를 위치시킴으로써 이를 해명하고자 했다. 만약 홉스 시대 또는 바로 그다음 세대의 사람들이 경험한 것처럼, 기존에 존재하는 대부분의 믿음들이 참인지 전혀 확신할 수 없게 된다면 어떻게 될까? 우리는 정말로 어떻게 **살아야** 하는가? 이는 고대 그리스 로마 세계의 회의론자들 앞에 놓였던 질문이기도 했으며, 그 이래 지속적으로 회의론자들에게 주된 질문이 되어왔다. 고대와 16세기 후반의 저자들이 제시한 답은 본질적으로 나라의 법과 관습에 따라 살라는 것이었다. 국법과 관습은 보편적인 타당성이 없다. 하지만 국법과 관습이 실질적으로 우리를 지배하고 있다는 사실도 부인할 수 없다. 이처럼 고대와 16세기 후반 저자들은 이념적 격동에 들어와 있는 자신들을 발견하고도, 그러한 격동에 대해 매우 보수적이고 실로 소심한 태도의 일부가 되어버린 회의론을 주장했다.

내가 강조한 대로 홉스의 철학은 바로 이러한 쟁점들을 다루었고 대체로 비슷한 결론으로 끝이 났다. 회의론을 대신해서 홉스는 **과학**을 제시했다. 하지만 좀더 면밀히 살펴보면 그의 과학은 극도로 미미한 종류라는 것을 알 수 있다. 자신이 생각하기에 의심스럽다고 여겨지는 것을 다 배제하면서 그는 **선험적인** 유물론만 남겨두었다. 이에 따르면 우주는 인과관계로 상호작용하는 물질적 대상들로 구성되어 있다. 하지만 이들 대상의 진정한 성격과 그 상호작용은 알 수 없다. 윤리학에서도 유사하게 (아리스토텔레스주의자나 인문주의자나 상관없이) 정통적인 선배들의 복잡한 윤리 이론을 다 배제하고 나면 우리 자신을 지킬 도덕적인 권리가 있다는 날것의 원칙만 남게 된다. 몽테뉴와 같은 회의론자와 비교할 때 삶에 대한 길잡이로 삼을 만한 것이 홉스에게는 더 남아 있지 않았다. 회의론자들도 자기보존의 원칙이 지닌 실제적인 힘을 줄곧 인정했기 때문이다.

따라서 홉스의 결론이 그들의 결론과 거의 비슷하다는 사실은 결코 놀랍지 않다. 홉스의 결론에 따르면, 국법은 일반적인 도덕성을 구성하는 요소가 되고, 자기보존을 위해 필요한 것은 무엇이든지 도덕적으로 용인되어야 한다. 홉스는 이 입장을 상당한 정도까지 견지할 각오가 되어 있었다. 가령 홉스는 그의 전 저작 가운데 가장 직설적인 구절 중 하나에서 (우리가 이미 본 것처럼) "기이하고 기형적인 출산의 경우 그것이 인간인지 아닌지를 결정하는 것은 아리스토텔레스나 다른 철학자들이 아니라 법이다"(『법의 기초』 2부 10장 8절)라고 주장했다. 이처럼 무엇이 인간인지에 대한 개념도 전적으로 주권자의 처분에 달려 있다. 이에 대한 그 어떤 객관적 '진실'도 없다. 무엇이 인간인지에 대한 질문은 오늘날에도 여전히 중요하다. 낙태에 대한 격한 논쟁을 보라. 하지만 우리는 여전히 주요 위원회에 철학자들을 임명해 이러한 쟁점들을 결정하면서도, 이들 영역에서의 급진적인 회의주의가 지닌 함의를 진지하게 받아들이려 하지 않는다. 홉스의 설명에 따르면 이러한 회의주의는 우리의 삶에서 가장 중요한 문제들에 대한 일종의 자의적인 권력을 국가에 부여한다.

하지만 이제 많은 사람들은 몽테뉴 세대의 회의주의적 상대주의에 대해 말뿐일지라도 호의는 보일 것이다. 과학과 윤리학에서 회의론은 과거의 많은 세대보다도 오늘날 더욱 설득력이 있다. 서구의 근대 과학이 특별한 타당성을 지닌다는 주장은 많은 과학사가들과 과학철학자들의 작업으로 인해 그 기반이 약화되었다. 그들은 대부분의 과학적 가정들이 문화적으로 결정되었으며 근거 없는 성격을 지니고 있다고 강조해왔다. 반면에 인간의 도덕적 의견들이 지닌 순전한 다양성과 그것이 빚어낸 불화에 대한 그야말로 고대적인 감각이 우리를 다시 한번 사로잡게 되었다. 하지만 아직도 충분히 인식되지 않는 것은 홉스야말로 지성과 끈기를 가지고 이 두 가지 문제 모두와 대면했던 우리 문화의 주요 철학자들 중 한 명이었다는 점이다. 비견될 수 있는 유일한 사람은 흄인데, 회의론자는 어떻게 살아야만 하는지에 대한 흄의 대답이 결국 홉스의 대답보다 설득력이 있는지는 분명치 않다. 흄의 대답은 사실상 이러했다. "회의론을 심각하게 여기지 마라."―"진정한 회의론자는 철학적으로 확신하는 것만큼이나 철학적으로 의심하는 일에도 조심스러울 것이며, 확신하거나 의심함으로써 생겨나는 그 어떤 소박한 만족도 결코 거부하지 않을 것이다."

우리가 본 것처럼, 흄은 바로 이러한 이유로 홉스를 회의론자의 얼굴을 한 진정한 독단주의자라고 비난했다. 하지만 홉스는 회의론과 철학 모두를 중요하게 여겼다. 이렇게 하는 데에서 홉스는 잘 알려진 그의 개인적 소심함을 상쇄하고도 남을 만한 일종의 대담함을 보여주었다.

따라서 만약 홉스의 결론이 마음에 들지 않는다면, 오늘날에도 틀림없이 홉스와 공유하고 있을 신념의 온전한 함의에 대해 우리가 얼마나 직시하고 있는지 여전히 자문해봐야 한다. 오늘날 사람들은 도덕적 상대주의가 자유주의적 다원주의로 연결된다고 흔히 말한다. 말하자면, 종교적 교조주의가 쇠퇴함으로써 근대적인 의미에서의 종교적 관용의 길이 열렸다고 할 수 있다. 하지만 홉스의 작업은 도덕적 상대주의가 반드시 그렇게 될 이유는 없다는 것을 보여준다. 적절하게 숙고된 도덕적 상대주의는 리바이어던으로 이어질 수 있다. 또한 리바이어던은 과거의 불관용을 파괴하고 그것들을 새로운 불관용으로 대체할 수 있다. 우리는 이러한 가능성 앞에서 망설일지 모른다. 하지만 단지 의지만으로 확고한 믿음의 상태로 회복할 수는 없다. 비록 (욥이 발견했듯이) 그것만이 리바이어던을 상대할 수 있는 유일한 것인지는 모르지만 말이다. 고대의 회의론자들은 절대주의적인 황제의 지배 아래서 살았으며 르네상스 시대의 회의론자들은 절대군주 치하에서 살았다.

근대 세계의 엄격하고 소외를 불러일으키는 국가 구조 역시 회의론자들에게 알맞은 경관일지 모른다. 그리고 그 이유를 알려주는 사람이 바로 홉스다.

인용 출처

본문에서 인용한 홉스 저작의 판본들은 다음과 같다.〔원서의 방식을 따라 『법의 기초』의 경우 부-장-절로, 『시민론』은 장-절로, 『리바이어던』은 장-쪽을 명기하는 식으로 출처를 표기했다. 다만 『리바이어던』의 경우 쪽 표시는 한국어판(나남, 2012〔초판 2008〕)을 따랐으며 필요한 경우 번역을 조정했다―옮긴이〕

The Elements of Law, Natural and Politic, ed. Ferdinand Toennies, 2nd edn. by M. M. Goldsmith (London, 1969).

De Cive. The Latin Version, ed. Howard Warrender (Oxford, 1983). 17세기에 출간된 영어본 *De Cive. The English Version* (Oxford, 1983)은 마찬가지로 워렌더가 편집했는데 홉스 자신이 작성한 것도 아니고 정확하지도 않아서, 나는 라틴어 원문을 직접 번역하여 인용했다.〔한국어판은 『시민론: 정부와 사회에 관한 철학적 기초』, 서광사, 2013〕

Thomas White's De Mundo Examined, tr. H. W. Jones (Bradford, 1976). 이는 *Critique du De Mundo*, ed. Jean Jacquot and H. W. Jones (Paris, 1973)의 라틴어 원문을 번역한 것이다.

Leviathan, ed. C. B. Macpherson (Harmondsworth, 1968).〔한국어판은 『리바이어던』 1 · 2, 나남, 2012〕

이 저작들 외에 본문에 실린 인용의 출처는 다음과 같다.

(24) C. Cornelius Tacitus, *Opera quae exstant*, ed. Justus Lipsius (Antwerp, 1574), 막시밀리안 황제에게 보내는 헌정 편지.

(25) Justus Lipsius, *Six bookes of politickes or civil doctrine ... done into English* by William Iones (London, 1594), p. 62.

(27) Justus Lipsius, *Epistolarum selectarum III Centuriae* (Antwerp, 1601), p. 234.

(27) Michel de Montaigne, *Essayes*, tr. John Florio (Modern Library, London, n.d., p. 524).〔한국어판은 『몽테뉴 수상록』, 동서문화동판(동서문화사), 2016〕

(30) Pierre Charron, *Of Wisdome* (London, n.d. (before 1612)), sig. a7v.

(31) Francis Bacon, *Essays* (Everyman's Library, London, 1906), p. 52.〔한국어판은 『학문의 진보/베이컨 에세이』, 동서문화동판(동서문화사), 2008, 325쪽〕

(49) 공공기록보관소에 보관된, 뉴캐슬 백작에게 보낸 홉스의 편지. *13th Report II. Manuscripts of His Grace the Duke of Portland preserved at Welbeck Abbey* (1893), p. 130.

(82) 로크에게 보낸 오브리의 편지. *The Correspondence of John Locke*, vol. i, ed. E. S. De Beer (Oxford, 1976), p. 376.

(87) White Kennet, *A Sermon Preach'd at the Funeral of the Right Noble William Duke of Devonshire* (London, 1708), p. 107.

(93) Hobbes, *Critique du De Mundo*, ed. Jean Jacquot and H. W. Jones (J. Vrin, Paris, 1973), p. 449.

(96) Descartes, *Philosophical Writings*, vol. ii, tr. John Cottingham, Robert Stoothoff, and Dugald Murdoch (Cambridge, 1984), pp. 122–3.〔한국어판은 『성찰』 1, 나남, 2012, 125쪽〕

(103) 'The Questions concerning Liberty, Necessity, and Chance', in Hobbes, *The English Works*, vol. v, ed. William Molesworth (London, 1841), p. 55.

(107) 'Considerations upon the Reputation, Loyalty, Manners, and Religion of Thomas Hobbes', in Hobbes, *The English Works*, vol. iv, ed. William Molesworth (London, 1840), p. 437.

(130) Sir Robert Filmer, *Patriarcha and Other Political Works*, ed. Peter Laslett (Basil Blackwell, Oxford, 1949), p. 242.

(156) Descartes, *Philosophical Writings*, vol. ii, tr. John Cottingham, Robert Stoothoff, and Dugald Murdoch (Cambridge, 1984), p. 131.〔한국 어판은 『성찰』 1, 142–143쪽〕

(184) 그로티우스에 대한 묘사는 장 바르베라크의 'An Historical and Critical Account of the Science of Morality'에서 인용했으며, 사무엘 푸펜도르프에 대한 자신의 편집본에 첨부되어 있다. *The Law of Nature and Nations*, tr. Basil Kennet (London, 1749), p. 67. 아리스토텔레스에 대한 푸펜도르프의 언급은 그의 *Specimen controversiarum circa jus naturale ipsi nuper motarum* (Uppsala, 1678), p. 9. 또한 홉스에 대한 언급은 ibid. p. 13.

(185) Barbeyrac, 'An Historical and Critical Account', pp. 67 and 68.

(187) Hume, *The History of England*, vol. vi (Liberty Classics, 1983), p. 153.

(207) J. W. N. Watkins, *Hobbes's System of Ideas* (2nd edn. Hutchinson & Co., London, 1973), p. 51.

(215) Hobbes. *Leviathan*, ed. Michael Oakeshott (Basil Blackwell. Oxford, n.d.), p. lviii.

(217) Ibid. p. lix.

(225) Hume, *A Treatise of Human Nature*, ed. L. A. Selby-Bigge (2nd edn. revised by P. H. Nidditch, Oxford, 1978), p. 273.〔한국어판은 『인간 이란 무엇인가』, 동서문화동판(동서문화사), 2016, 296쪽〕

독서안내

홉스의 저술들

옥스퍼드대학출판부는 현대판 홉스 전집을 제작하고 있다. 지금까지 *De Cive*, ed. Howard Warrender (1984)와 두 권으로 된 *Hobbes's Correspondence*, ed. Noel Malcolm (1994-97)이 출간되었다. 〔*Writings on Common Law and Hereditary Right*, eds. Alan Cromartie, Quentin Skinner (2005); *Translations of Homer*, ed. Eric Nelson (2008); *Behemoth*, ed. Paul Seaward (2009); *Leviathan*, ed. Noel Malcolm (2012) 등이 추가로 출간되었다—옮긴이〕 이 프로젝트가 완성될 때까지는 *The English Works of Thomas Hobbes*, ed. Sir William Molesworth (11 vols, London, 1839-45)와 *Thomae Hobbes ... Opera Philosophica quae Latine scripsit Omnia*, also ed. Molesworth (5 vols, London, 1839-45)가 유일한 저작집이다.

특정 저작에 대한 중요한 판본들도 많다. *Tractatus Opticus*, ed. F. Alessio, in *Rivista critica di storia della filosofia*, 18 (1963), pp. 147-288; *Man and Citizen*, ed. Bernard Gert (Humanities Press, 1972)에 부분적으로 번역되어 있는 *De Homine*; *Physical Dialogue*, tr. Simon Schaffer in S. Shapin and S. Schaffer, *Leviathan and the Air-Pump* (Princeton, 1985); *Behemoth*, ed. Ferdinand Toennies (London, 1889), 이후 각각 M. M. Goldsmith (London, 1969)와 Stephen Holmes (Chicago, 1990)에 의한 새로운 서문과 함께 재출간되었다; *A Dialogue between a Philosopher and a Student of the Common Law of England*, ed. Joseph Cropsey (Chicago, 1971); Quentin Skinner, 'Hobbes on Sovereignty: An unknown discussion', *Political Studies* 13 (1965), pp. 213-18; Samuel I. Mintz, 'Hobbes on the Law of Heresy: A New Manuscript', *Journal of the History of Ideas* 29 (1968), pp. 409-14.

홉스의 생애

제1장에서 제시된 홉스의 생애나 저작물과 관련한 연대는 부분적으로 나 자신의 연구에 바탕을 두고 있으며, 일부는 다음 글에서 발표한 내용이다. 'Hobbes and Descartes' in G. A. J. Rogers and Alan Ryan eds., *Perspectives on Thomas Hobbes* (Oxford, 1988), pp. 11-41. 홉스의 생애를 가장 흥미롭게 보여주는 것은 존 오브리의 *Brief Lives*(다양한 판본이 존재)이지만, 현재 가장 정확한 것은 노엘 맬컴의 홉스 편집본인 *Correspondence* (Oxford, 1994-97)에 첨부된 노트와 전기에서 뽑아낸 것이다. 홉스의 삶에서의 특정 일화에 대한 유용한 자료는 다음 자료들에서 찾을 수 있다. J. Jacquot, 'Sir Charles Cavendish and his Learned Friends', *Annals of Sciences* 8 (1952); J. J. Hamilton, 'Hobbes's Study and the Hardwick Library', *Journal of the History of Philosophy* 16 (1978); N. Malcolm, 'Hobbes, Sandys and the Virginia Company', *Historical Journal* 24 (1981); Q. R. D. Skinner, 'Thomas Hobbes and his Disciples in France and England', *Comparative Studies in Society and History* 8 (1966); 'Thomas Hobbes and the Nature of the Early Royal Society', *Historical Journal* 12 (1969). 홉

스 작품에 대한 도상학적 연구는 다음 자료들에서 논의된다. M. M. Goldsmith, 'Picturing Hobbes's Politics?', *Journal of the Warburg and Courtauld Institutes* 44 (1981) 그리고 Keith Brown, 'The Artist of the *Leviathan* Title Page', *British Library Journal* 4 (1978). 홉스와 연관된 (특히 『리바이어던』과 관련된) 중요한 편지는 다음 자료에서 찾을 수 있다. (저자 불명), 'Illustrations of the State of the Church During the Great Rebellion', *The Theologian and Ecclesiastic* 6 (1848), pp. 161-75.

지적 맥락

내가 홉스를 위치시킨 지적 맥락에 대해서는 다음의 저술들이 가장 도움이 된다. Descartes, *Philosophical Writings*, tr. John Cottingham, Robert Stoothoff, and Dugald Murdoch (Cambridge, 1984); Hugo Grotius, *De Iure Belli ac Pacis*, tr. F. W. Kelsey (Oxford, 1925); John Selden, *Table Talk*, ed. Frederick Pollock (London, 1927). 다음의 내 저술들에서도 지적 맥락을 다루었다. 'The "Modern" Theory of Natural Law' in *The Languages of Political Theory in Early-Modern Europe*, ed. Anthony Pagden (Cambridge, 1987); *Philosophy and Government 1572-1651* (Cambridge, 1993), 그리고 (다소 다른 방식으로) *Natural Rights Theories* (Cambridge, 1979). 홉스의 사상을 그 지적 맥락 속에서 연구한 또다른 저술들은 다음과 같다. Miriam M. Reik, *The Golden Lands of Thomas Hobbes* (Detroit, 1977); Johann P. Sommerville, *Thomas Hobbes: Political Ideas in Historical Context* (London, 1992);

퀜틴 스키너의 관련 논문 두 편도 있다. 'The Ideological Context of Hobbes's Political Thought', *Historical Journal* 9 (1966), 'Conquest and Consent: Thomas Hobbes and the Engagement Controversy' in G. E. Aylmer (ed.), *The Interregnum* (London, 1972); Glenn Burgess, 'Contexts for the Writing and Publication of Hobbes's *Leviathan*', *History of Political Thought* 11 (1990).

홉스의 일반 철학

홉스의 일반 철학에 대해 가장 잘 설명해주는 것은 다음의 저작들이라고 할 수 있다. Richard Peters, *Hobbes* (Harmondsworth, 1956), Tom Sorell, *Hobbes* (London, 1986), J. W. N. Watkins, *Hobbes's System of Ideas* (2nd edn., London, 1973). 홉스 사상의 다양한 면모를 보여주는 네 권의 유용한 논문집도 있다. K. C. Brown (ed.), *Hobbes Studies* (Oxford, 1965); M. Cranston and R. Peters (eds.), *Hobbes and Rousseau: A Collection of Critical Essays* (New York, 1972); G. A. J. Rogers and Alan Ryan (eds.), *Perspectives on Thomas Hobbes* (Oxford, 1988); Tom Sorell (ed.), *The Cambridge Companion to Hobbes* (Cambridge, 1995).

과학 사상

특별히 홉스의 과학 사상을 다룬 저술로는 우선 F. Brandt, *Thomas Hobbes's Mechanical Conception of Nature* (Copenhagen, 1928); A. Pacchi, *Convenzione e ipotesi nella formazione della filosofia naturale di Thomas Hobbes* (Florence, 1965)가 있다. S. Shapin과 S. Schaffer는 보일과 월리스를 상대로 벌인 홉스의 논쟁을 *Leviathan and the Air-Pump* (Princeton, 1985)에서 다루었다. 또한 A. E. Shapiro는 'Kinematic Optics: A Study of the Wave Theory of Light in the Seventeenth Century', *Archive for the History of the Exact Sciences* 11 (1973)에서 홉스의 광학 이론에 대해 자세히 설명한다. Terence Ball의 'Hobbes's Linguistic Turn', *Polity* 17 (1985)은 홉스의 언어 관념에 대해 논의하고, Noel Malcolm의 'Hobbes and the Royal Society' in Rogers and Ryan (eds.), *Perspectives on Thomas Hobbes* (Oxford, 1988)는 많이 논의된 주제(홉스와 왕립학회 간의 갈등 ― 옮긴이)에 대해 자세히 다룬다.

윤리학과 정치학

홉스의 윤리학과 정치학에 대해 다룬 현대 연구자들은 3장에서 논의한 대로 크게 분류할 수 있다. 홉스를 근대성의 대변자로 해석하는 연구는 다음과 같다. 우선 C. B. Macpherson의 경우, 그가 편집한 *Leviathan*, 그의 논문인 'Hobbes's Bourgeois Man' repr. in Brown, *Hobbes Studies*, 그리고 그의 *The Political Theory of Possessive Individualism: Hobbes to Locke* (Oxford, 1962)[한국어판은 『홉스와 로크의 사회철학: 소유적 개인주의 정치이론』, 박영사, 1990] 등이 있다. 다음으로는 Leo Strauss의 경우, *Natural Right and History* (Chicago, 1953)[한국어판은 『자연권과 역사』, 인간사랑, 2001]에서 홉스에 대해 다룬 장(*Hobbes Studies*에서 재출간), 또한 온전히 홉스에 대해서 다룬 그의 초기 저작 *The Political Philosophy of Hobbes. Its Basis and Genesis* (Oxford,

1936) 등이 있다.

홉스를 일종의 사회과학자로 보거나, (보다 최근에는) 합리적 선택 이론가로 해석하는 연구는 다음과 같다. Peters and Watkins; M. M. Goldsmith, *Hobbes's Science of Politics* (New York, 1966); F. S. McNeilly in *The Anatomy of Leviathan* (London, 1968); David Gauthier, *The Logic of Leviathan* (Oxford, 1969)〔한국어판은 『리바이어던의 논리: 토머스 홉스의 도덕이론과 정치이론』, 아카넷, 2013〕; Jean Hampton, *Hobbes and the Social Contract Tradition* (Cambridge, 1986); Gregory S. Kavka, *Hobbesian Moral and Political Theory* (Princeton, 1986).

홉스를 진정한 도덕주의자로 진지하게 해석하는 연구로는 다음과 같은 저술들이 있다. 홉스에 대한 A. E. Taylor의 글은 Brown의 *Hobbes Studies*에 재수록되었다; Michael Oakeshott이 *Leviathan*에 대한 유명한 서문을 포함하여 그의 초기 논문들을 엮은 *Hobbes on Civil Association* (Oxford, 1975); Howard Warrender의 *The Political Philosophy of Hobbes. His Theory of Obligation* (Oxford, 1957). 또한 Warrender는 자신의 해석에 대한 유용한 요약본을 Brown의 *Hobbes Studies*에 수록했다. 워렌더에 대한 논쟁은 이 논문집에서 가장 제대로 검토되고 있으며, 이와 더불어 Thomas Nagel, 'Hobbes's Concept of Obligation', *Philosophical Review* 68 (1959) 그리고 Q. R. D. Skinner, 'Hobbes's *Leviathan*', *Historical Journal* 7 (1964)도 도움이 된다. 홉스의 윤리학에 대한 좀더 최신의 연구로는 다음과 같은 저술

들이 있다. D. D. Raphael, *Hobbes: Morals and Politics* (London, 1977); Richard E. Flathman, *Thomas Hobbes: Skepticism, Individuality and Chastened Politics* (Newbury Park/London, 1993); R. E. Ewin, *Virtues and Rights: The Moral Philosophy of Thomas Hobbes* (Boulder/Oxford, 1991); S. A. Lloyd, *Ideals as Interests in Hobbes's Leviathan: The Power of Mind over Matter* (Cambridge, 1992); 나의 'Hobbes's Moral Philosophy' in Sorell (ed.), *The Cambridge Companion to Hobbes*. 또한 Quentin Skinner, 'Thomas Hobbes on the Proper Signification of Liberty', *Transactions of the Royal Historical Society*, 5th Series 40 (1990).

국가에 대한 홉스의 관념을 포함하여 그의 구체적인 정치 이론에 대한 연구로는 다음과 같은 저술들이 있다. Deborah Baumgold, *Hobbes's Political Thought* (Cambridge, 1988); Lucien Jaume, *Hobbes et l'Etat Représentatif Moderne* (Paris, 1986); Quentin Skinner, 'The State' in *Political Innovation and Conceptual Change*, ed. Terence Ball, James Farr, and Russell L. Hanson (Cambridge, 1989).

최근의 주요 연구 가운데 하나는 수사학에 대한 홉스의 입장과 그의 일반 윤리학 및 정치사상의 관련성을 다룬다. 주목할 만한 연구로는 다음과 같은 저술들이 있다. David Johnston, *The Rhetoric of Leviathan: Thomas Hobbes and the Politics of Cultural Transformation* (Princeton, 1986); Tom Sorell, 'Hobbes's Persuasive Civil Science', *The Philosophical Quarterly* 40 (1990); 'Hobbes's UnAristotelian Political

Rhetoric', *Philosophy and Rhetoric* 23 (1990); Raia Prokhovnik, *Rhetoric and Philosophy in Hobbes's Leviathan* (New York, 1991); Quentin Skinner, "'Scientia civilis' in classical rhetoric and in the early Hobbes' in *Political Discourse in Early Modern Britain*, ed. Nicholas Phillipson and Quentin Skinner (Cambridge, 1993).

종교 사상

종교 사상도 흥미로운 최신 연구들이 많은 분야다. 그 개척자는 J. G. A. Pocock으로, 그의 관련 연구로는 'Time, History and Eschatology in the Thought of Thomas Hobbes' in his *Politics, Language and Time* (London, 1972); 또한 그의 'Thomas Hobbes: Atheist or Enthusiast? His Place in a Restoration Debate', *History of Political Thought* 11 (1990)가 있다. 후속 연구들은 다음과 같다. R. J. Halliday, T. Kenyon, and A. Reeve, 'Hobbes's Belief in God', *Political Studies* (1983); Alan Ryan, 'Hobbes, Toleration, and the Inner Life' in D. Miller (ed.), *The Nature of Political Theory* (Oxford, 1983); 'A More Tolerant Hobbes?' in Susan Mendus (ed.), *Justifying Toleration* (Cambridge, 1986); Edwin Curley, "'I Durst Not Write So Boldly": How to Read Hobbes's Theological-Political Treatise' in E. Giancotti (ed.), *Proceedings of the Conference on Hobbes and Spinoza* (Urbino, 1988); David Johnston, 'Hobbes and Mortalism', *History of Political Thought* 10 (1989); A. P. Martinich, *The Two Gods of Leviathan: Thomas Hobbes on Religion and Politics* (Cambridge, 1992); 그리고 내

가 쓴 몇 편의 관련 논문들인 'The Christian Atheism of Thomas Hobbes' in *Atheism from the Reformation to the Enlightenment*, ed. M. Hunter and D. Wootton (Oxford, 1992); 'The Civil Religion of Thomas Hobbes' in *Political Discourse in Early Modern Britain*, ed. Nicholas Phillipson and Quentin Skinner (Cambridge, 1993).

홉스의 영향

다른 사상가들에게 끼친 홉스의 영향과 동시대 그의 평판에 대한 연구로는 다음과 같은 저술들이 있다. J. Bowles in *Hobbes and his Critics: A Study in Seventeenth-Century Constitutionalism* (London, 1951); F. M. Coleman, *Hobbes and America: Exploring the Constitutional Foundations* (Toronto, 1977); S. I. Mintz, *The Hunting of Leviathan. Seventeenth Century Reactions to the Materialism and Moral Philosophy of Hobbes* (Cambridge, 1962); P. Russell, 'Hume's *Treatise* and Hobbes's *The Elements of Law*', *Journal of the History of Ideas* 46 (1985).

역자 후기

    많은 독자들이 토머스 홉스라는 이름과 함께 "만인에 대한 만인의 전쟁"이라는 익숙한 구절을 떠올릴 것이다. 이 구절은 『리바이어던』13장에 나오는 것으로서 여기서 홉스는 자연 상태의 인간들이 서로에 대한 불신으로 잠정적인 전쟁 상태에 놓일 수밖에 없다고 주장했다. 이 구절만을 놓고 볼 때, 홉스는 이기적이고 탐욕적인 본성을 지닌 인간들을 통제하기 위해 절대주의 국가의 필요성을 역설한 이론가라고 할 수 있다. 그렇다면 이처럼 인간에 대한 편협한 관점을 지닌 국가주의 사상을 오늘날 왜 읽어야 할까? 이 책은 이런 의문을 품은 독자들에게 좋은 길잡이가 되어줄 수 있다.

    이 책에서 저자 리처드 턱은 홉스가 대면했던 문제가 인간의 이기적 본성이 아니라 세계의 불확실성과 그로 인해 초래되는 의견의 불일치라는 사실을 설득력 있게 보여준다. 말하자면 이 책은 홉스의 정치학에 초점을 맞추기보다 그의 철학 전체가 당대의 어떤 지적인 문제들과 씨름했는지를 재구성함으로써 그 해법으로 제시된 정치학에 대해서도 독자들이 편견 없이 접근할 수 있도록 도와준다.

저자가 홉스를 해석하는 방식은 퀜틴 스키너를 중심으로 하는 일단의 사상사 연구 경향에 속한다. 학계에서 흔히 케임브리지 학파로 통칭하는 이들 연구자는 기존의 텍스트 중심의 해석이나 사회경제적 맥락을 중시하는 관점 등을 비판하고 사상가가 당대의 지적 맥락 속에서 구체적으로 어떤 의도를 가지고 무슨 말을 했는지 물어야 한다고 주장했다. 저자는 이러한 관점에 기초해 인문주의적 회의론과 갈릴레이로부터 시작된 근대 과학의 지적 맥락 속에서 홉스를 해석한다. 이러한 지적 맥락은 홉스가 처한 역사적 상황을 보여줌과 동시에 그가 마주한 지적인 문제들을 시사한다. 홉스가 직면했던 문제는 정치적인 것이라기보다는 우선 인식론적이고 윤리적인 것이었다. 홉스는 데카르트, 그로티우스와 마찬가지로 근대 과학이 태동하던 시기에 철학과 윤리학을 새롭게 정립하고자 했던 사상가들 중 한 사람이었다.

케임브리지 학파에 대해 종종 제기되는 비판과 달리, 홉스에 대한 저자의 접근 방식은 홉스를 과거의 유물로 만들기보다 오늘날 우리 옆에 살아 있게 한다. 현재 우리도 홉스가 대면했던 질문들과 여전히 씨름하고 있기 때문이다. 이를테면 현대 물리학은 우리가 보는 대로 세계가 구성되어 있지 않다는 사실을 갈릴레이의 시대보다 더 뚜렷하게 알려주고 있으며, 정치사회의 많은 문제들에 대해 사람들이 갖는 다양한 이견은 자유주의를 위기에 빠뜨릴 정도로 깊은 신념적 갈등으로 비화되고 있다. 오늘날 사람들이 공유하는 확신과 신념이 점점 줄어들고 있다고 여긴다면, 여러분은 이미 홉스를 읽을 준비가 된 셈이다.

그렇다면 홉스의 해답인 정치학도 오늘날 여전히 읽을 가치가 있을까? 리처드 턱은 『리바이어던』이 홉스의 위대한 업적이라는 사실을 인정하면서도 정치학 저서로서의 그 유별난 중요성을 강조하지는 않는다. 오히려 턱은 특수한 정치적 상황 속에서 종교적 쟁점에 한정해 이 저작을 다룬다. 말하자면 이 저작의 핵심은 종교와 신념의 갈등을 종국적으로 끝내고 평화를 추구하기 위해서 주권자가 종교적 교리까지 결정해야 한다는 주장에 있다. 이렇게 볼 때 『리바이어던』은 의견의 불일치라는 홉스의 철학적 문제의식이 궁극적으로 도달한 결론이며, 저자가 강조하듯이 다원주의적 자유주의가 존립하기 위해서는 비자유주의적인 정치가 필요할 수 있다는 역설을 보여주는 저작이다. 따라서 우리는 홉스를 읽음으로써 절대주의 국가론보다도 근대 정치의 가능성과 곤경, 그리고 역설을 배우게 된다.

이처럼 홉스의 정치학적 주저가 『리바이어던』이 아니라 『시민론』이라는 관점에서 턱은 민주주의자로서의 홉스를 재해석하는 작업(Tuck, *The Sleeping Sovereign*, Cambridge, 2016)을 이어가고 있다. 홉스의 초기 저작은 분명 왕당파의 대의에 충실하기도 했지만, 왕과 인민을 동일한 원리로 다루면서 이후 이론가들에게 인민주권의 상상력을 제공했다. 즉, 인민은 잠자는 주권자이며 언제든지 잠에서 깨어날 수 있지만, 잠에서 깨어나기 전까지 그 대리인이 통치를 대행한다. 턱의 이러한 해석에 따르면, 우리는 홉스를 통해서 헌법을 제정하는 주체인 인민과 실제적인 정부의 활동이 근대 민주주의 정치에서 어떻게 구별되면서도 공존하는지 배울 수 있다.

반면에 『리바이어던』을 홉스의 완숙한 정치적 작품으로 보는 관점도 여전히 가능하다. 이 책에서 언급된 바와 같이 스키너는 『리바이어던』의 차별성이 1640년대 의회파와의 논쟁 속에서 부각된다고 보았다. 이러한 논쟁 가운데 홉스는 개별적인 인간들 간의 계약을 통해 수립된 주권자가 '인민'을 대표하지 않는 한 '자유로운 인민'이라는 개념은 애당초 불가능하다고 주장했다. 이러한 해석에 따르면 『리바이어던』의 저자로서 홉스는 공화주의 전통과 대비되는 자유 개념을 지지한 사상가이자(Skinner, *Hobbes and Republican Liberty*, Cambridge, 2008), 국가를 인격과 대표 개념으로 설명한 국가 이론가이다. 특히 『리바이어던』에서 제시된 홉스의 국가 개념은 하나의 인격임과 동시에 주권자에 의해서만 대표될 수 있는 인공적이고 허구적인 성격으로 주목받았다(Runciman, *Pluralism and the Personality of the State*, Cambridge, 1997; Skinner, *Vision of Politics*, vol. II·III, Cambridge, 2002). 이때 홉스의 국가는 주권자가 쓰는 일종의 가면이다. 따라서 홉스를 통해 우리는 국가라는 이름으로 이루어지는 정치가 실제 어떤 방식으로 시민들의 삶을 규정하는지 성찰할 수 있다. 심지어 우리가 리바이어던을 비판하고자 할 때조차 홉스는 더할 나위 없이 훌륭한 안내자가 된다.

하지만 이 책의 미덕은 단지 홉스의 역사성을 복원하는 데 있는 것만은 아니다. 저자는 당대의 맥락을 떠난 사상이 현재적 필요에 의해서 어떻게 해석되고 또 동원될 수 있는지 보여준다. 저자는 이러한 해석과 동원의 역사를 비판적으로 검토함으로써 한편으로는 자신의 관점을 부각시킴과 동시에, 다른 한편으로는 독자들을 홉스 연구의 학술장으로 초대한다. 이처럼 보다 넓은 해석의 지평 속에서 저자의 관점이 제시된다는 점에서 이 작은 책은 학술서로서도 가치가 있다(참고로 이 책은 강정인 편역,『홉즈의 이해』(문학과지성사, 1993)에 수록된 바 있다.『홉즈의 이해』는 절판되었다).

물론 홉스를 어떻게 해석할지는 여전히 독자들의 몫으로 남겨져 있다. 하지만 우리의 시대가 홉스의 시대와 같이 극심한 신념의 대립을 겪고 있다는 사실을 부정하는 사람은 많지 않을 것이다. 어쩌면 홉스가 그 해법으로 리바이어던을 제시하는 데 지적인 담대함을 보였던 것과 달리, 오늘날 많은 사람들은 국가권력을 비판하면서도 동시에 보다 거대해지는 리바이어던을 통해 많은 문제들을 해결하려고 하는지도 모른다. 이와 같이 현재의 정치적 상상력이 홉스를 옹호하거나 비판하는 데 머물러 있다면, 우리는 홉스가 직면했던 문제들로 다시 돌아가 오늘날 세계를 구성하는 원칙들을 재검토해볼 필요가 있다.

독서안내

홉스를 민주주의 이론가로 해석하는 리처드 턱의 최근 저작은 *The Sleeping Sovereign: The Invention of Modern Democracy* (Cambridge University Press, 2016)이다. 홉스의 자유 관념에 대해서는 Skinner, *Hobbes and Republican Liberty* (Cambridge University

Press, 2008)에서 다루고 있고 있으며, 홉스의 국가 및 대표 개념에 대해서는 David Runciman, *Pluralism and the Personality of the State* (Cambridge University Press, 1997); Skinner, *Visions of Politics*, vol. II·III (Cambridge University Press, 2002); Skinner, 'Hobbes on representation', *European Journal of Philosophy* 13 (2005) 등을 참고할 수 있다. 홉스의 사상과 당대의 수사학 전통의 관련성에 대해서는 Quentin Skinner, *Reason and Rhetoric in the Philosophy of Hobbes* (Cambridge University Press, 1996)를 참고할 수 있다. 특히 스키너는 홉스가 『리바이어던』을 쓰면서 수사학의 중요성을 다시 받아들였다는 점을 강조한다. 스키너의 역사적 작업에 기초해 공화주의 이론을 체계화한 Philip Pettit도 *Made with Words: Hobbes on Language, Mind, and Politics* (Princeton University Press, 2009)를 통해 홉스의 정치철학에서 언어가 지닌 중요성을 다룬다.

Gabriella Slomp, *Thomas Hobbes and the Political Philosophy of Glory* (St. Martin's Press, 2000)는 케임브리지 학파의 방법론과 대척점에서 홉스의 '영광' 개념 등을 철학적으로 분석한 연구이다. 최근에는 홉스의 윤리학과 도덕철학도 새롭게 해석되고 있다. S. A. Lloyd, *Morality in the Philosophy of Thomas Hobbes: Cases in the Law of Nature* (Cambridge University Press, 2009)는 홉스의 자연법을 도덕철학의 관점에서 분석한 최근 연구이며, Perez Zagorin, *Hobbes and the Law of Nature* (Princeton University Press, 2009)는 턱과 달리 홉스를 그로티우스와 연결하지 않으면서 자연법 사상가로 해석한다. 자연법과 자연권의 관계에 대한 윤리학적 분석을 시도한 최신 연구로는 Arash Abizadeh, *Hobbes and the Two Faces of Ethics* (Cambridge University Press, 2018)가 눈에 띈다. 홉스 사상의 법학적인 면모에 대해서 포괄적으로 다룬 최근 연구로는 David Dyzenhaus and Thomas Poole, eds., *Hobbes and the Law* (Cambridge University Press, 2012)가 있으며, 정치와 종교의 관계에 대해서는 Laurens van Apeldoorn and Robin Douglass, eds., *Hobbes on Politics and Religion* (Oxford University Press, 2018)을 참고할 수 있다. 또한 홉스의 『시민론』에 대한 단독 연구도 출간되었다. Robin Douglass and Johan Olsthoorn, eds., *Hobbes's On the Citizen: A Critical Guide* (Cambridge University Press, 2019).

그 외에 홉스의 다양한 면모를 다룬 논문집들은 다음과 같다. Noel Malcolm, *Aspects of Hobbes* (Oxford University Press, 2002); Tom Sorell and Luc Foisneau, eds., *Leviathan after 350 Years* (Oxford University Press, 2004); Patricia Springborg, ed., *The Cambridge Companion to Hobbes's Leviathan* (Cambridge University Press, 2007); A. P. Martinich and Kinch Hoekstra, eds., *The Oxford Handbook of Hobbes* (Oxford Univresity Press, 2016).

한국어로 된 읽을거리는 다음과 같다. 『리바이어던』 안내서로는 김용환, 『리바이어던: 국가라는 이름의 괴물』(살림, 2005); L. M. 존슨 백비, 『홉스의 리바이어던으로의 초대』, 김용환 옮김(서광사, 2013) 등이 있다. 홉스를 사회계약론의 차원에서 다룬 저서들은 다음과 같다. 강정인·조긍호, 『사회계약론 연구: 홉스 로크 루소를 중심으로』(서강대학교출판부, 2012); 박정순, 『사회계약론적 윤리학과 합리적 선택: 홉스, 롤즈, 고티에』(철학과현실사, 2019). 홉스의 과학철학과 종교에 대한 관심을 확장시키고 싶은 독자들에게는 다음의 두 책도 도움이 될 것 같다. 김성환, 『17세기 자연 철학: 운동학 기계론에서 동력학 기계론으로』(그린비, 2008); 이태하, 『근대 영국 철학에서 종교의 문제: 이신론과 자연종교』(북코리아, 2018). 홉스 전기로는 엘로이시어스 마티니치, 『홉스: 리바이어던의 탄생』, 진석용 옮김(교양인, 2020)이 있다. 홉스에 대해 별도의 장을 할애한 정치사상사 및 철학사 개론서는 다음을 참고하기 바란다. 레오 스트라우스·조셉 크랍시 엮음, 『서양 정치철학사』 2, 이동수 외 옮김(인간사랑, 2007); 강정인·김용민·황태연 엮음, 『서양 근대 정치사상사: 마키아벨리에서 마르크스까지』(책세상, 2007); 셸던 월린, 『정치와 비전』 2, 강정인·이지윤 옮김(후마니타스, 2009); 앨런 라이언, 『정치사상사: 헤로도토스에서 현재까지』, 남경태·이광일 옮김(문학동네, 2017); 서양근대철학회 엮음, 『서양근대철학』(창비, 2001);『서양근대윤리학』(창비, 2010);『서양근대종교철학』(창비, 2015). 홉스에 대해 직접 다루지는 않지만 이 책에 언급된 인문주의 배경에 대한 상세한 연구로는 퀜틴 스키너, 『근대 정치사상의 토대』 1, 박동천 옮김(한길사, 2004)이 있다.

홉스

HOBBES

초판 1쇄 인쇄 2020년 12월 18일
초판 1쇄 발행 2020년 12월 28일

지은이 리처드 턱
옮긴이 조무원
펴낸이 신정민
편집 최연희
디자인 강혜림
저작권 한문숙 김지영 이영은
마케팅 정민호 김경환
홍보 김희숙 김상만 함유지 김현지
이소정 이미희
제작 강신은 김동욱 임현식

제작처 한영문화사(인쇄) 한영제책사(제본)
펴낸곳 (주)교유당
출판등록 2019년 5월 24일
제406-2019-000052호
주소 10881 경기도 파주시 회동길 210
문의전화 031)955-8891(마케팅)
031)955-2680(편집)
팩스 031)955-8855
전자우편 gyoyudang@munhak.com
ISBN 979-11-91278-04-0 03100

● 이 도서의 국립중앙도서관 출판예정도서목록(CIP)은
서지정보유통지원시스템 홈페이지(http://seoji.nl.go.kr)와
국가자료종합목록 구축시스템(http://kolis-net.nl.go.kr)에서 이용하실 수 있습니다.
(CIP제어번호: CIP2020051214)